W0044514

Als der Krieg zu Ende ging

Impressum

Bibliografische Information der Deutschen Nationalbibliothek
Die Deutsche Nationalbibliothek verzeichnet diese
Publikation in der Deutschen Nationalbibliografie;
detaillierte bibliografische Daten sind im Internet über
http://dnb.d-nb.de abrufbar.

ISBN 978-3-8319-0593-5
© Ellert & Richter Verlag GmbH, Hamburg 2015

Titelfoto: dpa | Barfuß schiebt eine Frau einen mit
wenigen Habseligkeiten bepackten Kinderwagen,
auf dem obenauf ein kleines Kind sitzt, auf einer Landstraße
in Richtung Westen.

Lektorat: Werner Irro, Hamburg
Gestaltung: BrücknerAping Büro für Gestaltung, Bremen
Gesamtherstellung: CPI books GmbH, Leck
www.ellert-richter.de

Arno Surminski

Als der Krieg zu Ende ging

Erzählungen

Ellert & Richter Verlag

Inhalt

Als der Krieg zu Ende ging

Auch nachts klapperten die Wagen, prusteten die Pferde und schlugen mit ihren eisenbeschlagenen Hufen Funken aus den Steinen. Hörte das Klappern kurze Zeit auf, schlurften Holzpantoffeln über das Pflaster und Kinderstimmen murmelten. Im Morgenlicht sah man sie an der Friedhofsmauer sitzen, wo sie sich ausruhten und in der frühen Sonne wärmten. An der Friedhofsmauer blühten schon die ersten Butterblumen. Einige holten Wasser vom Dorfbrunnen, um die Pferde zu tränken. Kinder schwärmten aus, lugten durch die Staketenzäune in die Gärten und rannten davon, sobald sich jemand zeigte.

So ging es Tag um Tag. Die Menschen kannten nur eine Richtung: Westen, immer nach Westen, als wäre dort der Krieg schon zu Ende. Wer keinen Pferdewagen hatte, ging zu Fuß, behängt mit Taschen und Rucksäcken, begleitet von kleinen Kindern, die barfuß liefen. Alte Leute humpelten an Stöcken. Wenn ihnen ein Einheimischer begegnete, blieben sie stehen, um zu sagen: Der Krieg geht zu Ende, wir werden bald zur Ruhe kommen, irgendwo.

Dann humpelten sie weiter mit ihren Hoffnungen.

Eine Woche vor Ostern kam Erika Zarkan nach Redelin. Ohne Pferdefuhrwerk, ohne Handwagen, aber mit vier Kindern, die ihr folgten wie die Küken der Glucke. Vor dem Hof am Dorfeingang, abseits am Seeufer gelegen, blieb sie erschöpft stehen. Als sie eine Frau im Vorgarten bei der Arbeit sah, fasste sie sich ein Herz und trat an den Gartenzaun.

Die will betteln, dachte die Bäuerin und vertiefte sich in ihre Arbeit.

Bald werden die Wehen einsetzen, sagte Erika Zarkan. Da wollt ich doch bitte fragen, ob Sie vielleicht ein Plätzchen hätten, wo ich mein Kind auf die Welt bringen kann.

Die Bäuerin ließ die Hacke fallen, betrachtete den prallen Leib der fremden Frau, wischte die Hände an der Schürze ab, wischte und wischte, bis sie endlich das Gartentor öffnete.

Ich werde eine Hebamme rufen, sagte sie.

Das tut nicht nötig, antwortete Erika Zarkan. Hab ich schon vier Kinder ohne Hebamme geboren, wird das fünfte auch allein kommen.

Sie gingen ins Haus. Die Bäuerin öffnete die Tür zu einer Kammer.

Bis vor einer Woche hat hier unsere Magd gewohnt, sagte sie. Aus Angst vor dem Krieg ist sie fortgelaufen zu ihren Eltern ins Hannoversche. Nun ist die Stube leer.

Erika Zarkan setzte sich auf das flache Bett, zog die Decke, die die Magd in der Kammer zurückgelassen hatte, über ihren Leib und wartete auf die Wehen. Die Bäuerin stellte ihr eine Schüssel mit Wasser auf den Fußboden, sie schickte die Kinder auf die Tenne zum Spielen, ermahnte sie aber, nicht laut zu schreien, damit das Kind, wenn es auf die Welt komme, nicht gleich erschrecke.

Wo kommen Sie her? fragte die Bäuerin.

Weit, weit aus dem Osten, antwortete Erika Zarkan. Als wir flüchteten, lag noch meterhoch Schnee, nun blühen die Frühlingsblumen. Ich wollte ja mein Kind zu Hause auf die Welt bringen, aber der Krieg treibt uns zu immer ferneren Gegenden.

Nach einer Stunde kam die Hebamme per Fahrrad angeradelt. Als die Bäuerin ihr die Gartenpforte öffnete, sagte die gute Frau: Mit dem Kinderkriegen sollte man warten, bis Frieden ist.

So lange konnte Erika Zarkan nicht warten. Die Wehen setzten um halb elf ein, als es auf Mittag zuging, brachte sie das Kind auf die Welt, einen Jungen, gesund aussehend mit gutem Gewicht, wie die Hebamme taxierte.

Auf das Geschrei hin betrat die Bäuerin die Kammer. Als sie das Neugeborene anschaute, kamen ihr die Tränen.

Es ist nur, weil ich vor einem Jahr mein Kind verloren habe, entschuldigte sie ihr Weinen. Als mein Junge in den See lief, haben ihn die Schlingpflanzen in die Tiefe gezogen.

Sie trat ans Fenster, blickte zum See, der ihr, obwohl noch Krieg herrschte, friedlich vorkam, auch kein Eis trug wie damals, als der Junge eingebrochen war und sich in den Schlingpflanzen verheddert hatte.

Ich werde mich um die Kinder kümmern, sagte sie und ließ Erika Zarkan allein mit dem Neugeborenen. In der Küche gab sie ihnen Milch und versprach, Pellkartoffeln zu kochen. Zwei Spiegeleier auf eine Scheibe Schwarzbrot gelegt brachte sie in die Kammer und sah schweigend zu, wie die junge Mutter aß.

Ihr könnt fürs Erste bleiben, sagte die Bäuerin.

Sie zeigte zu einem Gartenhaus, in dem sie, da es nicht mehr kalt war, wohnen konnten.

Bis der Krieg zu Ende ist, sagte sie. Dann sehen wir weiter.

Ein paar Wochen lebte Erika Zarkan mit ihren Kindern auf dem Hof, aber der Krieg wollte nicht zu Ende gehen. Der Frühling zeigte sich im Grün der Bäume und dem Singen der Vögel. Mitten in den Frühling hinein kam er dann doch noch, der Krieg. Es rumorte jenseits der Wälder, eines Morgens rasten Flugzeuge über den See und schossen kreisrunde Löcher ins Wasser.

Ich bin nicht tausend Kilometer gelaufen, um zu guter Letzt doch noch unter die Russen zu fallen, sagte Erika Zarkan zu der Bäuerin. Ich werde mit den Kindern weiterziehen bis zu den Amerikanern oder den Engländern.

Sie wickelte eine Decke um den Leib, in die sie das Neugeborene legte.

Hoffentlich geht alles gut, sagte Erika Zarkan und meinte den Lärm hinter den Wäldern.

Die Bäuerin gab ihr Brot und Johannisbeersaft mit auf die Reise. Als sie den kleinen Jungen sah, kamen ihr die Tränen.

Vielleicht, sagte sie zögernd, vielleicht könnte der Junge bei mir bleiben, bis alles zur Ruhe gekommen ist. Es ist nicht gut, mit einem so kleinen Wesen die Straßen abzulaufen.

Erika Zarkan dachte zurück an die masurischen Wälder und an den Vater, der immer noch im Krieg zu tun hatte, auch an die schneebedeckten, morastigen, staubigen Wege, auf denen sie gelaufen waren und die ihnen noch bevorstanden.

Ich hab kein Kind mehr und möchte so gern eines haben, einen Jungen, der den Bauernhof übernehmen kann, hörte sie die Stimme der Bäuerin.

Der Junge soll es gut haben, hörte sie. Wir nehmen ihn als eigen an, er wird eine schöne Kindheit erleben. Eines Tages wird er den Hof erben und ein großer Bauer werden. Sie können ihn jederzeit besuchen.

Erika Zarkan setzte sich auf einen Schemel, blickte zum See und dachte an den lieben Gott. Ob es ihm recht wäre, wenn eine Mutter ihr neugeborenes Kind einer fremden Frau anvertraute? Ihr fielen die Kinder ein, die sie auf dem Weg durch den Winter hatte sterben sehen, die in den Gräben und Tannenschonungen lagen und auf den Frühling warteten. Ihre Mütter wären froh gewesen, wenn jemand gesagt hätte: Geben Sie mir Ihr Kind, es soll ihm gut gehen.

Wortlos legte sie das Bündel der Bäuerin in den Arm, ging danach eilig zur Tür, rief die Kinder und machte sich mit ihnen auf den Weg nach Westen, immer nach Westen.

Am nächsten Morgen fuhr die Bäuerin zum Amt, um das Kind als ihr eigen anzumelden und ihm ihren Namen zu geben. Dort waren alle geflohen, nur ein alter Mann saß auf dem Fußboden und sortierte Papiere. Er schrieb auf, was die Bäuerin zu sagen hatte, auch den Namen, vor allem den Namen.

Endlich ging der Krieg zu Ende. Die Zeit lief ihren gewohnten Gang, Erika Zarkan fand Aufnahme in einem Lager im Lüneburgischen, später zog sie in ein Dorf, das jenem in Mecklenburg ähnlich sah. Ihren vier Kindern erzählte sie viel von zu Hause, von der Flucht durch den Winter, nur über den Jungen, den sie der Bäuerin geschenkt hatte, verlor sie kein Wort.

Als sich die Welt beruhigt hatte, wollte sie Redelin besuchen und nach dem Jungen sehen. Doch kam ihr eine Grenze in die Quere, die sie zwischen Mecklenburg und der Lüneburger Heide gezogen hatten. Es ist ja immer noch Krieg, dachte Erika Zarkan, als sie vor der Grenze stand und nicht weiter konnte. Sie tröstete sich damit, dass der Junge es gut haben sollte. So war es versprochen.

Und weiter lief die Zeit ihren gewohnten Gang. Sie überrannte das Jahrhundert und die Länder. Als ihre Kinder aus dem Haus gingen, selbst Kinder bekamen und die Mutter allein in dem Dorf in der Lüneburger Heide zurückließen, fiel Erika Zarkan wieder das Vergangene ein. Vor allem nachts marschierte sie durch den Winter und dachte an den Jungen, der es in Redelin gut haben sollte.

Schließlich überrannte die Zeit die Grenze, das letzte Überbleibsel des Krieges. Erika Zarkan durfte nach Redelin reisen ohne Grenzkontrollen und Papiere. Sie unternahm es wieder zur Osterzeit, als die Seen ihr Eis verloren und an der Friedhofsmauer die ersten gelben Blumen blühten. Vor dem Bauernhof spielten Kinder.

Unser Vater ist auf den See gerudert, um Fische zu fangen, sagten sie.

Sie ging zum Wasser, spazierte am Ufer auf und ab, bis sie hörte, wie ein Kahn durchs Schilf brach. Ein stattlicher Mann sprang auf den Steg, band das Boot an einen Pfahl, griff die Angel und den Eimer mit den Fischen. Die Kinder rannten ihm entgegen, sie zeigten auf die alte Frau, die am Seeufer wartete.

Als der Krieg zu Ende ging, habe ich ein paar Wochen auf diesem Hof gelebt, erklärte Erika Zarkan.

Davon weiß ich nichts, antwortete der Mann. Ich bin kurz nach Kriegsende geboren. Meine Mutter sagte immer: Du warst das erste Friedenskind in Redelin. So steht es auch in den Papieren: angemeldet am 10. Mai 1945.

Er nahm Erika Zarkan mit ins Haus. Zum Abendessen kamen die Fische auf den Tisch, die der Mann im See gefangen hatte. Die Kinder saßen ihr gegenüber und starrten die fremde Frau an.

Erinnern Sie sich noch an meine Mutter? fragte der Mann.

Als wir eines Morgens ins Dorf kamen, arbeitete sie im Gemüsegarten. Weil ich gerade ein Kind bekommen sollte, gab sie uns für ein paar Wochen Unterkunft im Gartenhaus.

Er zeigte aus dem Fenster.

Das alte Gartenhaus hab ich vor drei Jahren abgerissen und die Reste verbrannt. Es war nicht mehr zu gebrauchen.

Lebt Ihre Mutter noch?

Sie ist mit dreiundachtzig Jahren gestorben, ein Jahr nach der Wende.

Erika Zarkan fand noch Zeit, das neue Gartenhaus zu bewundern. Sie warf auch einen Blick in die Kammer, in der sie das Kind geboren hatte. Dann wurde es Zeit, nach Hause zu fahren in die Lüneburger Heide.

Nun ist es gut, dachte sie, nun ist alles gut und der Krieg ist wirklich zu Ende.

„Chor der Gefangenen"

Ein alter Mann tritt auf dem Rollfeld vor die Mikrofone: Zehn Jahre nach Ende des Krieges kehren die letzten Gefangenen heim, sagt er. So geht es über alle Sender.

Im Radio spielen sie den „Chor der Gefangenen", das beliebteste Musikstück jener Jahre.

Elke Schneider rief ihre Kinder in die Küche. Zu dritt umlagerten sie den schwarzen Kasten, und als die Musik verklungen war, sagte sie: Euer Vater kommt nach Hause!

Die Kinder wunderten sich, wie aufgeregt die Mutter hin und her lief, ein Glas in die Hand nahm und wieder abstellte, über den Küchentisch mit einem Handtuch wischte, in den Spiegel schaute, an den Haaren zupfte, an den Knöpfen des Radios drehte, um noch einmal den „Chor der Gefangenen" und den Satz des alten Mannes zu hören.

Die Kinder kannten den Vater nicht. Nie hatte ein Mann die Holzhütte in der Schrebergartensiedlung betreten, schon gar nicht ein Vater. Die Mutter kramte ein Bild aus der Schublade, das einen lachenden Soldaten zeigte. Militärmütze auf dem Kopf, Orden an der Uniformjacke.

So schmuck wird er nicht mehr aussehen, sagte sie. Die schöne Uniform ist bestimmt hinüber.

Warum war er so lange weg? fragte die Zehnjährige, die geboren wurde, als der letzte Feldpostbrief eintraf.

Ach Kind, es war eben Krieg, antwortete Elke Schneider. Vor zehn Jahren hörte er auf, aber in Wirklichkeit ging er immer weiter. Erst wenn die Gefangenen zu Hause sind, wird er ein Ende haben.

Der zwei Jahre ältere Junge stellte sich vor, wie der Vater mit einem Gewehr das Haus betritt.

Ein Gewehr braucht er nicht mehr, sagte die Mutter.

Sie stellte das Soldatenbild auf den Küchentisch, wo es morgens, mittags und abends die Kinder anlachte. Sie sollten Zutrauen gewinnen zu dem fremden Mann, der nun bald heimkehren würde.

Nach ein paar Tagen ging sie zum Amt, um zu fragen, wo sie ihren Mann abholen könnte.

Im Oktober kommen die Ersten, erfuhr sie. Bei Herleshausen werden sie in Güterzügen die Zonengrenze passieren. Busse werden die Heimkehrer ins Lager Friedland bringen. Von dort werden sie nach Hause entlassen. Vorher werden die Namen im Radio

17

verlesen. Es könnte noch lange dauern, sagte das Amt. Vielleicht kommt er zum Weihnachtsfest nach Hause. Das wäre doch eine schöne Bescherung. Von Friedland wird er ein Telegramm schicken; alle, die in Friedland ankommen, schicken Telegramme nach Hause.

Elke Schneider wollte nicht bis Weihnachten warten. Sie wollte dabei sein, wenn der Zug über die Grenze rollt und die Busse in Friedland eintreffen. Als Erstes erkundigte sie sich nach den Bahnverbindungen.

Ihre Tage waren ausgefüllt mit Vorbereitungen für den Empfang des Heimkehrers. Was sollte sie anziehen? Hübsche Kleider besaß sie nicht, nur eine weiße Bluse und einen Rock, den sie aus alten Decken genäht hatte. Den grauen Mantel mit Pelzkragen, den ein Soldat getragen hatte, könnte sie mitnehmen. Und was machen wir mit den Füßen? Zum Friseur müsste sie gehen. Und die Kinder so kleiden, dass sie ihm gefielen.

Sie begann, Dinge einzukaufen, von denen sie wusste, dass er sie gern mochte: Salamiwurst und Tilsiter Käse. Zu Hause wird sie ihm Kartoffelpuffer backen und einen Käsekuchen. Sie beschaffte ein Fläschchen Danziger Goldwasser zum Anstoßen auf die Heimkehr nach so langer Zeit. Als es ihr an Geld fehlte, um die Flasche zu bezahlen, sagte der Krämer: Wenn es für einen Heimkehrer ist, schreibe ich gern an.

An einem Sonntag im Oktober kam der erste Transport über die östliche Grenze, ein Güterzug mit sechshundert Männern. Das Radio übertrug den Empfang in Herleshausen. Ein Chor sang „Nun danket alle Gott". Es läuteten Glocken.

Die Kinder schliefen, als Elke Schneider vor dem kleinen Gerät saß und auf die Namen wartete. Monoton tropften sie in alphabetischer Reihenfolge wie Sterntaler vom Himmel in den Schoß der vielen wartenden Menschen. Als der Sprecher sich dem Buchstaben S näherte, hielt sie die Hände vors Gesicht. Ein Manfred Sarau wurde erwähnt und ein Siegfried Scherer.

Jetzt muss Schneider kommen, dachte sie. Kam auch. Ein Günther Schneider wollte nach Pforzheim entlassen werden. Den Namen Gerhard Schneider vergaß das Radio. Er wird mit dem nächsten Transport kommen, dachte sie. Spätestens Weihnachten. Ach, es fehlten noch viele. Erst wenn alle zu Hause sind, wird der Krieg zu Ende sein.

Als Letztes hörte sie von einem Ludwig Zander, der in Bottrop erwartet wurde. Danach spielten sie die Hymne an die Freude.

So ging es weiter. Woche für Woche kamen Transporte, wurden neue Namen verlesen, immer war ein Schneider dabei, aber nicht Gerhard Schneider. Sie saß am Küchentisch, mit einer Handarbeit beschäftigt, das

Ohr dem Gerät zugeneigt und hörte fremde Namen in die Dunkelheit fallen, Namen, die nie zuvor in der Öffentlichkeit erwähnt worden waren und später nie wieder erwähnt werden sollten. Jetzt liefen sie über alle Sender, glühten auf wie Sternschnuppen und versanken im Dunkeln. Über Abraham, Adam und Arhaus konnte sie sich noch unbeschwert freuen, beim Buchstaben R stieg die Spannung. Das S nahm bei Weitem den größten Raum ein, beginnend als einfacher Buchstabe wie in Salzmann, dann Sch und schließlich St. Sie hörte Schaller und Scheele, Schneider fehlte wieder. Sie schaltete das Gerät aus, betrachtete den Mann auf dem Küchentisch und fragte: Wann kommst du endlich nach Hause?

Es ging auf den Winter zu, die Zeitungen schrieben von den letzten Transporten. Alle Züge müssen vor Einbruch des Winters eintreffen, sobald Schnee fällt, fahren in Russland keine Züge. Das sagte ihr einer, der sich in Russland auskannte.

Das Weihnachtsfest feierte sie allein mit den Kindern. Zeitungen und Wochenschauen zeigten Bilder von glücklichen Heimkehrern: Lachen, Umarmungen, Tränen. Ein Kind auf dem Arm des Vaters, eine Frau am Hals ihres Mannes. An die Einsamen, die in dunklen Ecken saßen und immer noch warteten, dachte niemand. Es hieß, zehntausend sollten heimkehren. Wo blieben die anderen? Millionen waren nach Russland gezogen, und nur zehntausend sollten den Weg zurück finden?

Im Januar kam mit einer Kältewelle aus Russland der Transport, von dem es hieß, er sei der letzte. Ob der Radiosprecher wusste, dass Millionen vor den Geräten saßen und seiner Stimme lauschten? Wer jetzt nicht ausgerufen wird, kommt nie mehr nach Hause. Manchmal stockte der Sprecher, versprach sich, wiederholte einen Namen, weil er glaubte, ihn nicht deutlich genug gesagt zu haben. Lange beschäftigte er sich mit dem Buchstaben G: Gablonski, Gallus, Gerdau … Schon war er bei M, schließlich kam er zu O, dem wohlklingendsten aller Vokale. Und dann kam Gerhard Schneider.

Als der Sprecher den Namen nannte, fiel ihr Kopf auf die Tischplatte, die Hände umklammerten das Bild. Sie weckte die Kinder.

Morgen fahren wir nach Friedland zu Papa!

Sie putzte sie heraus so gut es ging. Für sich selbst fand sie nur die weiße Bluse, den grauen Rock und den Mantel, den ein Soldat getragen hatte. Tiefer Winter, aber Elke Schneider setzte den roten Sommerhut auf. Die Kinder bekamen Pudelmützen und Wollhandschuhe. Reichlich Essen packte sie ein: die schon vor Monaten gekaufte Salamiwurst, ein Glas eingelegte Gurken, graues Brot und eine Tafel Schokolade mit dem Bild des schwarzen Mohren.

Auf der Rückfahrt werden wir zu viert im Abteil sitzen und ein Festmahl halten, sagte sie den Kindern. Als Nachtisch hatte sie an den schwarzen Mohren gedacht.

Eine lustige Eisenbahnfahrt. Sie ließ die Kinder Lieder singen und Verse aufsagen. Den Mitreisenden erzählte sie: Die Kinder holen ihren Vater aus Friedland ab.

Darüber freuten sich alle.

Eine Landschaft mit Berghängen und schneebedeckten Wäldern. Der Zug rasselte über Brücken, die Kinder zählten die Lastkähne, die auf Flüssen und Kanälen zum Meer fuhren. Sie malten Blumen an die beschlagenen Scheiben.

Um die Mittagszeit erreichten sie Friedland. Mit den Kindern an der Hand steuerte sie auf das Empfangsgebäude zu, wunderte sich über die vielen Wellblechhütten und Holzbaracken im Hintergrund, ein Riesenlager für zehntausend Heimkehrer. Im Empfangsgebäude saßen die, die auch warteten. Eine alte Frau erzählte, sie habe schon wochenlang vor dem Tor gestanden, zum Winter hin sei das Warten doch sehr beschwerlich.

Ich bin mit den Kindern gekommen, um meinen Mann abzuholen, sagte Elke Schneider zu dem Armamputierten hinter dem Schalter.

Der schaute die Kinder an, bevor er fragte: Wie heißt er denn?

Gerhard Schneider.

Es ist eigentlich nicht erwünscht, dass die Angehörigen nach Friedland kommen, um ihre Heimkehrer abzuholen, erklärte er. Wir benachrichtigen jeden und schicken die Heimkehrer per Zug nach Hause. Vom Bahnhof ihres Heimatortes können sie dann abgeholt werden. Aber nun seid ihr da, und ich werde die Liste durchsehen.

Er beugte sich über die Namen des letzten Transportes und erklärte, die Busse hätten gerade den Bahnhof Herleshausen verlassen. Es werde noch ein paar Stunden dauern. In den Dörfern werden die Busse von jubelnden Menschen aufgehalten.

Als sie kamen, entstand unter den Wartenden eine Bewegung. Sie drängten hinaus, eilten zum Lagertor, um die Busse zu empfangen, nur Elke Schneider blieb mit den Kindern vor dem Schalter.

Papier raschelte. Die gesunde Hand des Mannes blätterte Seiten um. Zwischendurch blickte er über den Rand des Papiers zu den Kindern.

Ja, ein Gerhard Schneider steht auf der Liste, sagte er.

Erleichtert setzte sich Elke Schneider auf eine Bank, den Kindern gab sie Apfelsinenstücke. Ein Mann mit Holzbein nahm neben ihr Platz und sagte: Ich bin schon eine Woche hier, aber keiner kommt mich abholen.

Während die Kinder Apfelsinen aßen, hörte Elke Schneider die Geschichte von der Heimkehr des Mannes mit dem Holzbein. In Herleshausen läuten die Kirchenglocken, in Eschwege auch. In den Dörfern stehen Tausende und winken den Bussen zu. Ein ergreifender Empfang, bloß für mich ist keiner da.

Er schlug mit der Faust aufs Holzbein.

So eine Fahrt möchte ich nicht noch einmal erleben. Freude und Traurigkeit auf einem Haufen. Eine Frau hält mir ein Soldatenfoto entgegen. Kennen Sie den? ruft sie. Ja, ich kannte ihn. Das war mein Kumpel Hans, mit dem ich ins Bergwerk fuhr. Einmal stürzte der Fahrstuhl ab, er kam schwer verletzt ins Krankenhaus und starb drei Tage später. Kann man das einer wartenden Frau sagen?

Kommt er nicht zurück? will die Frau wissen.

Nein, er kommt nicht zurück.

Da fällt sie auf der Straße hin, jawohl, sie fällt wie vom Blitz getroffen. Und rundherum jubeln Menschen, die Busse fahren weiter, die Glocken läuten, nein, er kommt nicht zurück.

Der Mann starrte auf sein Holzbein.

In Frankfurt/Oder gab es auch eine traurige Geschichte, fährt er fort. Über Nacht waren einige gestorben, jawohl, sie waren nach Deutschland zurückgekehrt, aber bevor sie Deutschland erleben konnten, lagen sie tot im Güterwagen. Die mussten ausgeladen und begraben werden. Erst dann konnte der Zug weiterfahren.

Von draußen drangen Stimmen in den Warteraum.

Ich glaub, sie sind da, sagte der Mann mit dem Holzbein.

Elke Schneider sprang auf, nahm die Kinder an die Hand und rannte zur Tür.

Eine Menschenkette stand neben dem Weg, den die Busse fahren mussten. Eine Blaskapelle spielte „In der Heimat, in der Heimat, da gibt's ein Wiedersehn". Ein Lied zum Weinen.

Einige konnten es nicht abwarten und liefen den Bussen entgegen, schwenkten ihre Hüte, hoben Schilder über die Köpfe mit Grüßen und Fragen. Vor allem Fragen.

Elke Schneider starrte die grauen Ungetüme an, die sich durch den Schmutz wühlten. Hinter den Scheiben bärtige Gesichter, die nicht lachen konnten. Türen sprangen auf.

Die Heimat grüßt! rief eine Stimme am Eingangsplatz. Elke Schneider hörte ein heftiges Schluchzen neben sich. Sie sah Umarmungen und Tränen. Die Musik wurde lauter, immer lauter, schließlich übertönte sie alles.

Sie konnte ihren Mann nicht finden. Hatte er sich so verändert? War er in dem Menschengewühl untergegangen? Alles strömte an ihr vorbei ins Innere des Lagers, nur Gerhard Schneider fehlte.

Sie können hier nicht rein! rief ein Wachmann am Tor. Ihr Mann muss erst zur Registrierung, dann zur ärztlichen Untersuchung. Es wird ein paar Tage dauern. Fahren Sie nach Hause, liebe Frau, Sie bekommen Bescheid, wann er entlassen wird.

Als sie mit den Kindern zum Empfangsgebäude kam, stand der Mann mit dem Holzbein in der Tür.

Diese Transporte bringen mehr Unglück als Glück, sagte er.

Elke Schneider trat an den Schalter.

Er war nicht dabei, sagte sie zu dem Armamputierten.

Wie war noch der Name?

Gerhard Schneider.

Wieder blätterte die gesunde Hand in den Papierseiten.

Ich habe hier nur einen Gerhard Schneider, der nach Ansbach in Bayern entlassen werden soll.

Sie wollte noch fragen, ob es nicht einen zweiten Gerhard Schneider gebe. Der Name Schneider käme doch tausendfach vor, aber bevor sie ein Wort herausbringen konnte, tat sich ein Loch im Boden auf. Sie fiel auf das schmutzige Holz. Einige Männer, darunter der mit dem Holzbein, sprangen hinzu, packten sie an den Armen und trugen sie zu einer Bank. Ein Sanitäter erschien, tropfte kaltes Wasser auf ihre Stirn.

Wir holen einen Arzt, hörte Elke Schneider die Stimme des Armamputierten. Solche Fälle kommen immer wieder vor. Da kann nur ein Arzt helfen.

Sie bekam eine Spritze.

Bleiben Sie eine Viertelstunde auf der Bank liegen, sagte der Arzt. Es wird alles gut.

Aber es wurde nicht gut.

Haben Sie nur einen Gerhard Schneider? fragte sie den Armamputierten. Mein Mann ist in Lüneburg zu Hause, nicht in Ansbach in Bayern.

Sie hielt ihm das Foto hin.

Vielleicht haben Sie ihn gesehen, flüsterte sie.

Der Amputierte drehte das Bild hin und her.

Es sind zu viele, sagte er leise. Ich kann mich unmöglich an alle Gesichter erinnern.

Als er ihr das Bild zurückgab, sagte er, sie solle die Hoffnung nicht aufgeben.

Aber es war der letzte Transport! rief Elke Schneider.

Der vorläufig letzte, antwortete der Mann. Im Winter können in Russland keine Züge fahren, das Wetter lässt es nicht zu. Aber im nächsten Sommer geht es weiter mit den Heimkehrertransporten. Dieses Russland ist riesengroß. Ich bin selbst drei Jahre dort gewesen und weiß, dass es unmöglich ist, in kurzer Zeit alle Männer zu sammeln und nach Hause zu schicken. Geben Sie die Hoffnung nicht auf, manchmal geschehen Wunder.

Der mit dem Holzbein kam zu ihr und berührte ihren Arm.

So verrückt ist die Welt, sagte er. Sie wollen Ihren Mann abholen, aber er ist nicht gekommen. Ich bin gekommen, aber keiner holt mich ab.

Haben Sie keine Angehörigen? fragte Elke Schneider.

Als ich in Deutschland ankam, sagten sie mir: Ihre Familie ist beim letzten großen Bombenangriff ausgelöscht worden. Die Kinder, die Frau, die Oma, alle ausgelöscht. Das sagten die mir so, als wäre es nichts, einfach ausgelöscht.

Er schnippte ein Feuerzeug an, starrte ein paar Atemzüge in die Flamme, pustete dann vorsichtig, immer heftiger werdend, das Feuer aus.

Ausgelöscht, einfach ausgelöscht.

Ich könnte Ihnen einen Gutschein für eine Suppe in unserer Kantine geben, rief der Mann vom Schalter.

Ich habe keinen Hunger, antwortete Elke Schneider, griff die Kinder und machte sich auf den Heimweg.

Ich fahre auch nach Norden, rief der Mann mit dem Holzbein ihr nach. Zu meinem Freund Peter in Hamburg. Wir kennen uns von Russland her. Ihn werde ich besuchen, wenn er noch lebt.

Auf der Heimfahrt aßen die Kinder die Salamiwurst, als Nachtisch gab es die Schokolade mit dem

Mohrenkopf. Elke Schneider stürzte sich auf die sauren Gurken und musste sich, bevor der Zug in Lüneburg eintraf, übergeben.

Ist der Krieg nun zu Ende? fragte der Junge.

Es fehlen noch zu viele, antwortete seine Mutter.

Als sie ausstiegen, sah Elke Schneider im Nebenabteil den Mann mit dem Holzbein. Er saß am Fenster, hob die Hand und winkte.

Beinahe
ein Vater

Sein Mantel roch nach Karbol. Er warf ihn aufs zerschlissene Sofa, legte die Maschinenpistole daneben, immer griffbereit.

Draußen fielen Schüsse.

Sie spürte die groben Stiefel. Hände wie Schraubstöcke, dachte sie. Der keuchende Atem über ihr roch nach irgendeinem Fusel.

Er stöhnte.

Merke dir sein Gesicht, dachte die Frau. Wenn du ein Kind bekommst, wird es nach dem Vater fragen.

In der Dunkelheit erkannte sie die Umrisse eines runden Schädels. Als Feuerschein durchs Fenster fiel, sah sie für einen Augenblick das Gesicht.

Fast noch ein Kind, dachte sie. Sie haben ihn von der Schulbank geholt, ihm eine Maschinenpistole in die Hand gedrückt und gesagt: Töte die Feinde und erbeute ihre Frauen. Sie gehören dir, sie sind der Lohn für alle Leiden des Krieges.

Ein paarmal hatte er zugesehen, wie die anderen es

anstellten. Sei kein Feigling, Aljoscha! hatten sie gerufen. Nimm dir eine deutsche Frau!

So stürmte er in die Stube, in der das rote Licht des Feuers die Wände auf und ab lief. Alte und Kinder hatte er hinausgejagt, nur die eine Frau behalten, die er haben wollte.

Ob ich Läuse bekomme? dachte die Frau. Eher ein Kind. Kurzgeschorenes Haar, ein Milchgesicht ohne Bart. Starke Backenknochen. Seine Hände umklammerten ihre Arme. Sie dachte an blaue Flecken.

Keiner sprach ein Wort, weil sie aus verschiedenen Welten und Sprachen kamen. Außerdem: Da gibt es nicht viel zu reden. Wenn das geschieht, was geschehen ist, schweigt der Mund.

Sie hätte gern seinen Namen gewusst. Wenn das Kind nach dem Vater fragt, müsste sie einen Namen nennen. Micha wäre schön oder Kolja.

Draußen fielen Schüsse. Nebenan weinten Kinder.

Sie spürte den Schleim auf ihrer Haut, sah ihn über sich stehen, ein Riese und doch ein Kind. Er warf den Mantel über die Schulter und griff nach der Maschinenpistole. An der Tür blieb er stehen, suchte in der Manteltasche, warf eine Zigarette auf den Tisch.

Er wird es den anderen erzählen, dachte sie. Die werden heraufstürmen und sich auf dich stürzen. So etwas steckt an. Rasch verriegelte sie die Tür und kroch unter das Sofa.

31

Als sich auf der Treppe Schritte näherten, hielt sie den Atem an. Hier klopfte es und da. Wieder weinten Kinder. Ein Kolbenschlag zertrümmerte die Tür, der Lichtkegel einer Taschenlampe huschte über leere Wände.

Von ihrem Versteck aus sah sie graue Filzstiefel, von denen Schneematsch in die Stube leckte. Schließlich entfernten sich die Schritte.

Draußen wuchsen die Flammen.

Wenn im Haus Feuer ausbricht, musst du rauslaufen, dachte sie. Dich in den Gärten verstecken oder zum Wald laufen.

Sie kroch zum Fenster. Ein ausgebrannter Panzer stand vor dem Haus, räucherte noch. Der Gestank des verbrannten Öls drang durch alle Fensterritzen. Schatten huschten von einem Straßenbaum zum anderen. Leuchtkugeln jagten über die Dächer.

Sie ordnete ihre Kleidung. Sie suchte Wasser, um den Karbolgeruch und den Schleim abzuwaschen, konnte aber keines finden. Menschenleer das ganze Haus, keine Schritte, keine Stimmen. Waren die Kinder schon in den Wald gelaufen?

Sie hockte am Fenster, wollte nicht einschlafen aus Angst vor dem Feuer und den Soldatenstiefeln. Plötzlich ein Schreien und Schießen. Fensterglas splitterte. Sie hörte Stimmen auf der Straße, deutsche Stimmen. Jemand riss die Tür auf und schrie: Alle raus!

Sieben Frauen und dreizehn Kinder versammelten sich auf der Straße, eine verängstigte Herde.

Lauft in den Wald! schrie der Soldat. Sie werden zurückkehren, und alles wird von vorne anfangen.

So ist Krieg, dachte die Frau. Er geht hin und her, einmal sind die oben, einmal die anderen, aber die Frauen sind immer unten.

Sie hängte sich die Tasche mit ihren Habseligkeiten über die Schulter und rannte mit den anderen die Straße abwärts, die aus der Stadt führte. Im Schnee an der Böschung lagen schwarze Häufchen, neben ihnen gefrorenes Blut. Sie stockte, als sie das runde Kindergesicht sah, kurz geschorenes Haar, kein Bart. Die Hände krallten sich in den Schnee. Der Mantel zerfetzt von mehreren Einschüssen, er roch immer noch nach Karbol.

Als sie sich umwandte, sah sie das Haus, in dem sie die Nacht zugebracht hatte, in Flammen stehen.

Verlorene
Briefe

Es wollte ein strenger Winter werden. Schon im November fiel Schnee, er taute nicht, sondern wartete auf weiteren Schnee. Den Himmel überzog eine eisige Klarheit, selbst die Sonne fror, wenn sie morgens über die Schneewehen blickte. Die Alten orakelten, es ziehe ein Unglück herauf, fern noch und unhörbar, ein Unglück des Frierens und Sterbens.

Am letzten Tag des Monats November kam der Oberpostsekretär ins Dorf, um mit Emil Dobatka die ernsten Zeiten zu besprechen. Dobatkas Nachfolger, der Briefträger Gebert, sei zu den Soldaten einberufen, sagte er. Die junge Frau, die an seiner Stelle die Post über Land tragen sollte, liege im Krankenhaus. Also fragte der Oberpostsekretär, ob Emil Dobatka seine alte Tour noch einmal abfahren könne, vier Dörfer und sieben Abbauten. Bis Anfang Januar, dann werde die junge Frau wieder arbeiten können. Ein Dienstrad bekomme er gestellt.

Im hohen Schnee werde ich mit dem Dienstrad

wenig ausrichten können, antwortete Dobatka. Er kannte das von früher. In strengen Wintern war die Tour nur zu Fuß zu schaffen und dauerte vom frühen Morgenlicht bis Einbruch der Dunkelheit. Erst im März, wenn die Vögel sangen, kam das Fahrrad wieder zu Ehren.

Dobatka bedachte es hin und her, bis das Pflichtgefühl eines Beamten der Reichspost, das er auch im Ruhestand noch spürte, die Oberhand gewann und er dem Oberpostsekretär erklärte, er werde die Tour fahren.

Sein Aushilfsdienst fiel in einen guten Monat. Hier und da war heißer Tee oder ein Stück Pfefferkuchen zu erwarten. Wenn sie Schweine schlachteten, blieb immer ein Ringel Wurst oder ein Eimerchen Wurstsuppe für den Briefträger übrig; im Dezember waren die Menschen freundlicher zu ihren Briefträgern. Das wusste er von den fünfundzwanzig Jahren, die er die Tour gegangen war, sommers und winters. Er kannte die Namen der Bauern und Deputatarbeiter, der Gutsherren und Tagelöhner, auch die, die noch nie einen Brief empfangen hatten und zu Tode erschraken, wenn der Briefträger an ihre Tür klopfte. Er hatte gesehen, wie ihre Kinder größer und größer wuchsen, die Alten älter und älter wurden, bis sie nicht mehr vor die Haustür treten konnten, wenn die letzte Post kam. Von den Jungs, die dem Briefträger nachgelaufen waren, um zu sehen, wem er Post brachte, standen viele bei den Soldaten, einige lebten nicht mehr.

Schon der erste Arbeitstag kam ihn schwer an, weil er auf der vereisten Chaussee in einer schmalen Spur fahren musste. In den verschneiten Dörfern wurde das Fahrrad zum Hindernis; die von Gott und der Welt verlassenen Abbauten ließen sich überhaupt nicht erreichen. Nach alter Gewohnheit stellte er das Dienstrad am Dorfeingang ab, um zu Fuß, die gut gefüllte Tasche über der Schulter, durch den Schnee zu stapfen. Er fragte sich, ob den Briefen, die das Finanzamt, eine Sparkasse oder Tante Amalie aus dem Erzgebirge als Absender auswiesen, eine solche Wichtigkeit zukam, dass ein sechsundsechzigjähriger Mann sie durch kniehohen Schnee tragen musste. Aber sie hatten früh gelernt, jedem Brief seine Bedeutung zuzumessen und keine Fragen zu stellen. Briefe waren unantastbare Botschafter eines gewaltigen Netzes, das den Erdball umspannte, keine Nachricht durfte verloren gehen. Er erinnerte sich an Briefe aus dem sonnigen Griechenland, die er in friedlicheren Zeiten durch den Schnee getragen hatte. Auch das Land, in dem die Zitronen blühten, war in seiner Posttasche vorgekommen.

Keine drei Tage im Dienst, traf ihn ein Unglück, mit dem er nicht gerechnet hatte: In seiner Tasche befand sich ein graublauer Brief zur Zustellung an Dorothea Barz, Ehefrau des Instmannes Gustav Barz. Der Brief trug einen amtlichen Stempel und kam, wie Dobatka vermutete, von militärischen Stellen. Er wusste nicht, was es mit dem dunklen Umschlag, der an das Grau umbrochener Erde erinnerte, auf sich hatte und überreichte, wie es seine Pflicht war, den Brief an Dorothea Barz, eine Frau mittleren Alters, die mit ihren Kindern vor der Tür stand und freundlich lächelnd den Briefträger erwartete. Kaum war er einen Steinwurf entfernt, kam die Frau ihm nachgelaufen. Wie er sich unterstehen könne, ihr einen solchen Brief zuzustellen! schrie sie. Sie weinte nicht, gestikulierte nur mit beiden Armen und drohte mit den Fäusten. An der Tür standen die Kinder und weinten.

Ich tue nur meine Pflicht, entschuldigte sich Dobatka.

Die Frau warf ihm den Brief vor die Füße und erklärte, sie verweigere die Annahme. Er solle ihn jenem Hauptmann Gleinius zurückgeben, der ihr mitgeteilt hatte, Gustav Barz habe für Führer und Vaterland sein Leben gelassen, irgendwo bei strenger Kälte in der Gegend von Brjansk.

Der Vorfall beschäftigte Dobatka den ganzen Tag. Dass er auch im angenehmen Monat Dezember Todesnachrichten austragen musste, davon hatte der Oberpostsekretär nicht gesprochen. Sicher lag es an dem strengen Winter, der hier und da die Thermometer zersprengen und die Vögel vom Himmel fallen ließ, besonders in der Gegend von Brjansk. Immerhin besaßen die Absender dort ein Büro mit Schreibmaschine, was Emil Dobatka einigermaßen verwunderte. Die Schreibmaschinenschrift gab dem Brief einen amtlichen Charakter, sie sah kalt und abweisend aus wie gefrorener Schnee.

Am Nikolaustag kam der zweite Brief dieser Art, gerichtet an eine Frau Rosenbaum, ihren Sohn Fritz betreffend. Dobatka fand es unpassend, ausgerechnet am Nikolaustag einen solchen Brief zuzustellen. Gerichtsvollzieher und Finanzämter ließen ihre Vollzugsbeamten pausieren, um den Bürgern nicht die Festfreude zu verderben, aber die grauen Briefe kamen ohne Rücksicht auf Weihnachtsfrieden und Kinderlachen wie der Schnee über die östliche Grenze geweht.

Er legte den Brief zuunterst in die Tasche und fragte sich, ob der Heilige Nikolaus, wäre er Briefträger gewesen, ein solches Poststück an seinem Namenstag befördert hätte. Die Frau Rosenbaum konnte er bei Tageslicht nicht mehr antreffen. Das gab ihm das Recht, den Brief wieder mitzunehmen, weil in der Dunkelheit jede Postzustellung zu enden hatte. Zu Hause angekommen, legte er den Nikolausbrief ungeöffnet auf die Kommode, stellte eine brennende Kerze daneben und dachte, während er in die Flamme starrte, der Brief sollte Feuer fangen und zu Asche fallen.

Am nächsten Morgen hatte neuer Schnee die Spuren des vorangegangenen Tages verweht. Als er das Amt betrat, um die Posttasche zu füllen, fiel ihm ein, dass er den Brief für die Frau Rosenbaum zu Hause vergessen hatte. Er lag auf der Kommode, die Kerze daneben war niedergebrannt, ohne Schaden anzurichten. Er nahm sich vor, einen passenderen Tag für die Zustellung auszusuchen. Solche Briefe haben Zeit, dachte er.

Das Unglück wollte es, dass die Frau Rosenbaum ihm entgegenkam und fragte, ob er nicht einen Feldpostbrief ihres Sohnes in der Tasche habe. Sie warte schon acht Wochen, und Weihnachten stehe vor der Tür. Da werde es Zeit.

Zu Weihnachten kommen noch viele Briefe, tröstete Dobatka die Frau und dachte an die Eiseskälte in der Gegend von Brjansk.

Nun nahmen die grauen und blauen Briefe, so kalt mit der Schreibmaschine geschrieben, überhand. Es hieß, der Krieg weite sich aus, er habe sich im strengen Winter festgefahren und koste mehr und mehr Blut. Dobatka hoffte, die ungünstige Witterung werde die Briefe aufhalten und ihre Zustellung in den Januar verschieben, sodass ihn diese Briefe nicht mehr behelligten.

Natürlich gab es auch angenehme Postsendungen, die er gern zustellte. Wie in jedem Dezember stapelten sich bunte Karten, die schneebedeckte Tannen zeigten, Kirchtürme in verschneiten Bergen, pausbäckige Engel, strahlende Kinderaugen. Hin und wieder hängte er auch ein Päckchen, das nach Pfefferkuchen roch, an die Lenkstange seines Dienstrades.

Die junge Frau Lewien, erst sechs Monate verheiratet, hat ihren Mann verloren. Das glaubte er dem grauen Brief anzusehen, den er eine Woche vor Weihnachten zustellen sollte, den er aber auf der Kommode vergaß, wo der Brief an die Frau Rosenbaum immer noch auf seine Zustellung wartete. Er wollte sich der Last, die immer schwerer wog, mit einem Schlage entledigen, zu gegebener Zeit. Vor Weihnachten werden wohl kaum noch graue Briefe kommen, dachte er. Die Herren Absender werden ein Einsehen haben, sie sind auch Menschen, die wissen, dass es unanständig ist, solche Nachrichten zum größten aller Feste zu verbreiten. Im neuen Jahr wird die Feldpost die gesammelten Unglücksbotschaften auf den Weg bringen, dann wäre Emil Dobatka nicht mehr im Dienst.

Entgegen allen Erwartungen kamen vor Weihnachten noch zwei Briefe, gerichtet an Personen, die er kannte. Dem Bauern Rust wurde mitgeteilt, sein zweiter Sohn sei in einem Wald vor Leningrad gefallen, im Herrenhaus der Gubensteins hatte es, vermutete Dobatka, den Bruder der Gutsherrin getroffen. So lagen nun vier Briefe auf seiner Kommode und warteten auf Weihnachten. Ihr Anblick quälte ihn am Morgen und am Abend. Solange die Briefe auf der Kommode liegen, wirst du kein friedliches Weihnachten erleben, dachte er. Aber wenn du sie auslieferst, wird es auch ein Unglück geben.

Vier Tage vor dem Fest warf er alle Briefe in die Posttasche, um sie da hinzubringen, wo sie hingehörten. Vielleicht sind es auch gute Nachrichten, die in den Briefen stehen, sprach er sich Mut zu. Eine Beförderung wird mitgeteilt oder die Verleihung eines Ordens.

Aber gerade an diesem Tage, als er sich mit einem heroischen Kraftakt aller Briefe entledigen wollte, kam er auf abschüssiger Straße ins Rutschen, landete mit dem Fahrrad im Graben; die Posttasche ging im Schnee unter. Es ist ausgeschlossen, schneenasse Briefe zuzustellen, dachte Dobatka. Also nahm er sie wieder mit nach Hause, spannte eine Leine vom Ofen zum Fensterkreuz und befestigte daran die Briefe mit Wäscheklammern. Da hingen sie wie tote Vögel.

Da sie am nächsten Morgen noch nicht völlig trocken waren, verschob er die Zustellung auf den folgenden Tag. Als ein weiterer grauer Brief hinzukam, hängte er auch ihn, obwohl nicht nass, auf die Leine.

Am 23. Dezember verbot sich jede Zustellung solcher Briefe, also verschob er die Auslieferung in die stille Zeit vor Altjahrsabend. Damit ihr Anblick ihn nicht ständig an seine Pflichtvergessenheit erinnerte, gab er die Briefe in einen Wäschebeutel, den er unter sein Bett warf.

Am Heiligen Abend war er wieder unterwegs, um schöne Briefe mit guten Wünschen auszutragen. Es wurde eine lange Tour. Kinder fragten, ob er den Weihnachtsmann getroffen habe, Frauen sprachen von ihren Hoffnungen, im neuen Jahr Feldpost von Männern oder Söhnen zu erhalten. Einige rechneten mit einem kurzen Weihnachtsurlaub; statt eines Briefes kommen die Soldaten persönlich als Über- raschungsgast unter dem Tannenbaum.

Er wurde reich beschenkt. Kuchen legten sie ihm in die Posttasche, ein kleines Fläschchen mit süßem Schnaps, und im Herrenhaus der Gubensteins erhielt er eine Zigarre. Es war unmöglich, diese guten Men- schen mit den traurigen Briefen zu behelligen.

Das Fest beging er in gewohnter Weise. Er setzte einen Punsch an, gab einen Fisch, den ihm gute Leute geschenkt hatten, in kochendes Wasser, schälte Kartof- feln, schnitt Rote Bete. Zum Essen zündete er Kerzen an. Einen Baum besaß er nicht. Seitdem ihm die Frau gestorben war, schien es ihm nicht der Mühe wert, Bäume zu schlagen, in die Stube zu tragen und dort zu schmücken. Er trank reichlich. Danach breitete er die Briefe aus. Sie waren zerknittert, die Schrift ver- waschen, ihr Zustand so, dass sie eigentlich unzustellbar erschienen. Er versuchte herauszufinden, von welchen Frontabschnitten sie kamen, ob aus dem kalten Osten oder dem sonnigen Süden, und stellte sich vor, dass die, von denen die Rede war, noch lebten. Solange er ihre Briefe nicht zustellte, konnten sie nicht sterben. Sie feierten Weihnachten im Unterstand und schossen Leuchtkugeln in die Nacht. Er sah sie durch schneebedeckte Wälder wandern und nach Weihnachtsbäumen Ausschau halten. Emil Dobatka trank die Flasche leer und rauchte die Zigarre derer von Gubenstein. Das belebte ihn. Er wog die Briefe in den Händen, hielt sie über heißes Wasser, öffnete vorsichtig, um niemand zu verletzen, mit einem spitzen Messer Brief für Brief, entfaltete das Papier, glättete es, legte es ungelesen zur Rechten auf den Tisch. Die Umschläge heftete er wieder auf die Wäscheleine, nun als leere Hüllen, deren Inhalte eigene Wege gegangen waren.

Zögernd wagte er sich an die Texte und erschrak über ihre Gleichförmigkeit. Als hätte eine Maschine vorgestanzte Sätze ausgeworfen, wiederholten sich die Floskeln von Vaterland und Heldentod, nur mit anderen Namen und anderen Kriegsschauplätzen. Kein Brief enthielt eine gute Nachricht, alle endeten mit dem Tod. Er kannte alle, die da in den grauen Umschlägen gefangen gehalten worden waren und die er befreit hatte zu neuem Leben. Sie saßen in seiner Stube und erzählten von diesem schaurigen Krieg.

Die letzten Tage des alten Jahres brachten keine grauen Briefe mehr. Er erwog, die alten in die Umschläge zurückzustecken, diese zuzukleben und auf seiner letzten Tour vor die Türen zu legen, danach davonzugehen, als wäre es nichts. Er musste die Sache zu Ende bringen, bevor die junge Frau im Januar zurückkehrte. Wenn der Frevel auffiele, der Oberpostsekretär Nachforschungen anstellte, ihn mit Fragen überhäufte, auf die er keine Antwort wüsste, dann wäre es zu spät.

In Stille und Friedlichkeit begann das neue Jahr, sein Postdienst ging zu Ende. Der Oberpostsekretär schrieb einen Brief, in dem er Emil Dobatka für treue Dienste dankte und seinen Besuch ankündigte, um dieses und jenes zu besprechen. Was gab es zu besprechen? War das Verschwinden von Briefen höheren Ortes bekannt geworden? Der Oberpostsekretär wird fragen, ob Briefe verloren gegangen seien, er wird kriminalistische Untersuchungen anstellen, sein Haus durchsuchen lassen.

Die traurige Geschichte lastete schwer auf Emil Dobatka. Bis zum Tag der Heiligen Drei Könige. Da verwahrte er alle Briefe und Umschläge in seiner Winterjoppe und gedachte, mit ihnen einen Spaziergang zu unternehmen. Im Wald fand er einen freien Platz, errichtete dort aus trockenen Zweigen einen Scheiterhaufen für Briefe, gab das Papier hinein, hielt die

Flamme seines Feuerzeugs darunter. Das Feuer gewann Höhe, nur wenig Rauch kräuselte im Geäst, Ascheflocken taumelten durch die Luft und beschmutzten den Schnee. Als der letzte Funke erloschen war, warf Emil Dobatka mit bloßen Händen Schnee auf die Feuerstelle und murmelte ein Gebet.

Auf dem Heimweg dachte er an die Kinder, die immer noch lachen konnten, an Bräute und Ehefrauen, die die Hoffnung nicht aufgegeben hatten, und an die Mütter, die bis zuletzt an einen guten Ausgang glaubten. Vermisst ist nicht tot, sagten sie. Sie könnten durch ferne Wälder irren oder in Gefangenschaft geraten sein, und eines Tages – alles dauert seine Zeit – lachend vor der Tür stehen … Wenn sie nicht gestorben sind …

Karaganda
oder
Im Sommer kehren alle wieder

Bald kommt der Frühling, dann wird alles besser. Sie sagte es zu dem Mädchen, das auf der Fensterbank hockte und sich langweilte.

Sie lebten allein auf dem Hof, fern der großen Chaussee, auf der der Krieg vorbeigezogen war, drei Monate schon allein. Die Nachbarhäuser waren unbewohnt, die Dörfer ohne Menschen, selbst die Tiere waren geflohen, ein Wunder, dass noch Vögel sangen. Im Winter, als der Lärm aus der Ferne dröhnte, hatten sie sich hinter Schneewehen versteckt gehalten. Nun war er fort, der Krieg und der Schnee, und eine Stille lag über dem Land, als hätte die Erde aufgehört, sich zu drehen.

Jeden Tag ging der Mann in den Wald, um Holz zu holen für den Herd und den Ofen. Eigentlich hätte er, obwohl schon sechzig Jahre alt, Soldat sein müssen, aber der Krieg kam schneller als der Einberufungsbefehl. So blieb er bei Frau und Kind auf dem einsamen Gehöft und konnte sich um das Holz kümmern.

Wo sind sie geblieben? fragte das Mädchen jeden Morgen. Sie meinte die Nachbarn und die Kinder, mit denen sie in die Schule gegangen war.

Im Sommer kommen alle wieder, antwortete die Mutter. Dann wirst du wieder in die Schule gehen und mit den anderen spielen. Ja, im Sommer.

Mittags, wenn sie kochte, stieg Rauch aus dem Schornstein und verbreitete die Hoffnung, jemand werde das Zeichen sehen, sich ihrer erinnern und vorbeischauen. Aber niemand kam. Keine Pferdefuhrwerke klapperten den Feldweg herauf, kein Radfahrer verirrte sich in ihre Gegend, kein Wanderer fragte nach dem Weg.

Sie haben uns vergessen, sagte die Frau.

Einmal ging der Mann nicht in den Wald, sondern ins nächste Dorf, um nach Menschen zu suchen. Er klopfte an jede Haustür und rief die Namen, die er kannte, aber keiner antwortete. Nicht einmal Hunde traf er.

Wenn die Zugvögel am Himmel erscheinen, werden auch die Menschen kommen, sagte er zu dem Kind. Warte nur auf die Störche.

Eines Morgens kamen sie, nicht die Zugvögel, sondern sieben Soldaten, die über das Feld marschierten, direkt auf ihr Anwesen zu.

Die Frau wollte die Tür verschließen und sich mit dem Kind auf dem Dachboden verstecken, aber der

Mann trat vors Haus, ging den Soldaten entgegen und machte Anstalten, sie in sein Haus einzuladen. Eine uniformierte Frau trat vor und sagte:

Guten Morgen, ihr Deutschen.

Dabei versuchte sie zu lächeln, aber es misslang.

Während die Dolmetscherin vor der Tür blieb und dem Mann von den Zerstörungen erzählte, die der Krieg in der Stadt angerichtet hatte, betraten die Soldaten das Haus. Einer postierte sich an der Hintertür, die Maschinenpistole vor dem Leib, ein zweiter nahm auf der Treppe zum Boden Platz, die anderen gingen von Stube zu Stube und traten den Dreck von den Stiefeln. Einer sprach auch mit dem Mädchen auf der Fensterbank, es klang freundlich. In der Küche bewachten zwei Soldaten die Frau, die am Herd stand und Suppe rührte. Sie nahmen am Küchentisch Platz, legten die Maschinenpistole so auf das Holz, dass der Lauf auf den Herd und den Suppentopf gerichtet war.

Die Dolmetscherin betrat mit dem Mann das Haus, um zu sagen, was gesagt werden musste: In der Stadt würden Arbeiter gebraucht, der zerstörte Bahnhof sei herzurichten, damit wieder Züge fahren könnten, Züge seien das Wichtigste in dieser Zeit. Mit einem Zug könnten sie auch nach Deutschland fahren zu gegebener Zeit. Deshalb müsse der Mann mitkommen, jetzt auf der Stelle.

Er trat zum Küchenherd, starrte in den Topf, in dem die Frau rührte, und wollte fragen, ob er noch einen Teller Suppe essen dürfe.

In der Stadt gibt es ein großes Haus für die Arbeiter, erzählte die Dolmetscherin. Jeder hat eine warme Stube und gutes Essen. Wer arbeitet, bekommt auch zu essen. So ist das bei uns.

Als er fragte, ob auch Frau und Tochter mitkommen dürften in das Haus mit den warmen Stuben, schüttelte die Dolmetscherin den Kopf.

Wenn die Stadt aufgeräumt ist, werden die Familien nachkommen, antwortete sie. Im Sommer werden sie kommen.

Die Frau holte ihm den Pelzmantel und die schweren Stiefel. Sie bestand darauf, eine Strickjacke überzuziehen. Und vergiss die Handschuhe nicht!

Es ist ja bald Sommer, winkte er ab, als sie ihm den dicken Pullover über den Kopf streifen wollte. Sie gab auch Wäsche mit, vor allem Handtücher und Hemden, die gebraucht werden, wenn einer zur Arbeit in die Stadt fährt.

Die Soldaten führten ihn vors Haus, nahmen ihn in ihre Mitte. Das Mädchen wollte dem Vater folgen, rannte aber nur gegen Stiefelschäfte und erdbraune Mäntel an, die nach einem Desinfektionsmittel rochen.

Bald ist Sommer, Irmchen, flüsterte die Frau und nahm das Kind auf den Arm.

Nur einmal wurde es laut, als ein Soldat in einen Krähenschwarm feuerte, der sich auf einem Eschenbaum niedergelassen hatte. Der Kommandeur erteilte ihm einen Verweis, weil es still zugehen sollte, so still, wie es sein muss, wenn der Krieg zu Ende ist.

So gingen sie über die Felder zu der Chaussee, auf der der Krieg vorbeigezogen war.

Ich hätte kein Feuer machen sollen, sagte die Frau. Ohne Feuer kein Rauch, sie hätten uns nicht gefunden.

Danach sprachen Mutter und Kind stundenlang über das große Haus mit den warmen Stuben und über den Sommer.

Zwei Tage später kamen sie wieder, drei Soldaten und die Dolmetscherin. Zwei blieben vor der Tür, der dritte begleitete die uniformierte Frau ins Haus.

Wir haben ein Problem, sagte die Dolmetscherin und versuchte wieder zu lächeln. Die vielen Arbeiter, die den Bahnhof aufräumen, müssen verpflegt werden. Wir wollen eine Küche einrichten und brauchen Frauen, die Kartoffeln schälen, Suppe kochen und die vielen Dinge erledigen, die nur Frauen können.

Zieh dich an, Irmchen, rief die Frau. Zieh alles über, was du hast.

Das Kind kann nicht mitkommen, entschied die Dolmetscherin.

Ich soll mein Kind allein lassen?

Zwei Dörfer weiter leben noch Menschen, erklärte die Dolmetscherin. Dort kann das Kind bleiben, bis Sommer ist. Im Sommer kehren alle wieder.

Sie erlaubte ihr, das Kind mitzunehmen zwei Dörfer weiter zu den anderen Menschen.

Vorn die uniformierte Frau, gefolgt von der Mutter mit dem Kind, hinter ihnen die Soldaten. Wieder war es sehr still auf den Feldern, die auf den Sommer warteten. Es schoss auch niemand in Krähenschwärme.

Ihr Kind wird es gut haben, sagte die Dolmetscherin.

Haben Sie auch Kinder? fragte die Frau. Die Dolmetscherin zuckte unwirsch mit den Schultern, diese Frage hatte sie nicht verstanden.

Zwei Dörfer weiter hielt der Trupp vor einem strohgedeckten Haus. Ein Soldat stieß die Tür auf, riss das Kind von der Hand der Mutter und drängte es über die Schwelle. Die beiden anderen hinderten die Frau daran, dem Kind zu folgen. Wieder musste es schnell gehen. Kaum war das Kind hinter der Tür verschwunden, stießen sie die Frau vorwärts, trieben sie die Straße hinab der Stadt entgegen und dem großen Haus, in dem die Suppe gekocht werden sollte.

Bist du das Lenchen? fragte eine alte Stimme aus dem Dunkel. Das Kind folgte der Stimme, bis es zu einer Frau kam, die am Ofen saß und strickte.

Haben sie dir die Eltern weggenommen? fragte die Alte und betastete Kopf und Hände des Kindes.

Mein Vater arbeitet in der Stadt, und meine Mutter soll ihm Suppe kochen, sagte das Kind.

Mein Lenchen haben sie auch in die Stadt geholt, erzählte die Frau. Sie soll den Bahnhof aufräumen. Mein Lenchen ist zwanzig Jahre alt und kann gut arbeiten, aber was soll ich mit dir anfangen? Du bist doch nur ein kleiner Grashüpfer.

Sie gab dem Kind das Bett, in dem ihr Lenchen geschlafen hatte.

Du kannst bleiben, bis Sommer ist. Im Sommer kommen alle wieder, haben sie versprochen, aber niemand hat gesagt, in welchem Sommer das sein wird.

Als die Sonne hoch genug stand und die Wege trocken waren, wollte das Mädchen in die Stadt gehen, um Vater und Mutter zu suchen.

In welche Stadt willst du gehen? fragte die alte Frau.

Das Kind wusste es nicht.

Es gibt so viele Städte, und alle haben zerstörte Bahnhöfe, da kannst du lange suchen.

Endlich kam der Sommer. Das Kind blieb bei der alten Frau, weil es nicht wusste, in welche Stadt es gehen sollte. Es streifte durch die Wälder, um Beeren und Pilze zu sammeln, kam auch zu dem Haus am Waldrand, in dem es mit den Eltern gelebt hatte. Wie früher saß es stundenlang auf der Fensterbank, hielt Ausschau nach Menschen, die kommen sollten.

So verging der Sommer.

Sie meinten einen anderen Sommer, sagte die alte Frau.

Nachdem der erste Schnee gefallen war, erschienen wieder Uniformierte. Sie betraten das strohgedeckte Haus und sagten, in der Stadt stehe ein Zug bereit, der sie in das Land bringen werde, in das sie gehörten. Dort warteten Vater und Mutter auf das Kind, das Lenchen sei auch in dem Land, in das sie gehörten.

Also machten sie sich auf den Weg in die Stadt. Das Mädchen hielt Ausschau nach dem Haus, in dem die Arbeiter wohnten, aber es fand nur einen verlassenen Güterbahnhof mit verrosteten Schienen und einer Lokomotive, die vier Viehwaggons voller Menschen in das Land ziehen sollte, in das die Menschen gehörten.

Auf der Fahrt durch den Winter, die sehr lange dauerte, starb die alte Frau. Die Leute, die mit im Güterwagen saßen, zogen die Tote zur Tür. Als der Zug auf freier Strecke hielt, legten sie die alte Frau an den Bahndamm.

Nach der Ankunft in dem Land, zu dem das Kind gehörte, gaben sie es in ein Waisenhaus, in dem viele Kinder auf den nächsten Sommer warteten. Mit den Jahren vergaß es Vater und Mutter. Auch die Erinnerung an das Gehöft am Waldrand, an die Soldaten und die uniformierte Frau, die versprochen hatte, dass alle heimkehren sollten, verblasste mehr und mehr. Ein halbes Jahrhundert musste vergehen, bis ein Brief eintraf, der als Absender weiter nichts als ein rotes Kreuz trug. Er berichtete von einem Vater, der in einem Lager in Karaganda gestorben war, und von einer Mutter, die zwei Jahre länger gelebt hatte, auch in Karaganda. Welch ein schönes Wort, dachte sie. In Karaganda ist immer Sommer.

Isas
Abschied

Nachts kam die Mutter zu Isa ans Bett und sagte: Unsere Synagoge brennt.

Sie hob das Kind auf die Fensterbank, damit es die Flammen über den Dächern sehen konnte. Isa hörte auch laute Stimmen und Feuerhörner. Der Vater zog die Arbeitskleidung an. Er werde zur Forchestraße laufen, um beim Löschen zu helfen, sagte er. Vor der Haustür empfingen ihn drei Männer in brauner Uniform. Sie klopften nicht, sondern brachen die Tür auf. Einer schrie: Mitkommen! Der Vater, die Mutter und die zehnjährige Isa sollten sofort das Haus verlassen.

Aber ich muss morgen zur Schule, sagte Isa zu einem der braunen Männer.

Deine Schule fällt aus, antwortete er. Morgen ist Feiertag.

Die Frieda-Jung-Schule, die Isa besuchte, lag neben der Synagoge auf der anderen Straßenseite.

Vielleicht ist deine Schule auch abgebrannt, sagte die Mutter, als sie losgingen. So ein Feuer kann sich schnell ausbreiten, es beginnt in der Synagoge und endet in deiner Schule.

Die braunen Männer brachten sie in eine Turnhalle, in der schon viele waren und auf etwas warteten, das kommen sollte.

Dass unser Gott sich das gefallen lässt! murmelte ein alter Mann, der neben Isa auf dem Fußboden saß.

Gegen Morgen durften Isa und die Mutter die Turnhalle verlassen, der Vater musste bleiben. Sie sagten, er werde bei irgendeiner Arbeit helfen müssen; sicher waren an der Brandstelle Trümmer zu räumen.

Auf dem Heimweg kamen Isa und die Mutter an der Synagoge vorbei. Die Flammen waren erloschen, nur Rauch und Wasserdampf waberten über die Straße.

Die Schule ist noch da, freute sich Isa.

Die Mutter richtete die Wohnung her. Isa schickte sie ins Bett.

Du sollst ausgeschlafen zur Schule gehen, sagte sie.

Als sie aufstand, fand Isa ihre Schultasche gepackt, ein Apfel und das Stundenbrot lagen auf dem Tisch.

Draußen schlug ihr Brandgeruch entgegen. Um nicht zu spät zu kommen, rannte Isa durch die Straßen, kam auch an der niedergebrannten Synagoge vorbei, wo Feuerwehrleute die Trümmer und die umliegenden Häuser nass spritzten, auch die Schule. Das Haupttor zur Schule war verschlossen, ein älterer

Schüler stand davor und sagte, sie solle über den Innenhof zum Hintereingang gehen.

Ihre Klassenkameraden standen im Kreis zusammen. Als sie Isa kommen sahen, wandten sie sich ab und verschwanden im Flur.

Noch vor der Klassentür kam der Lehrer und sagte, der Schuldirektor wolle sie sprechen. Er begleitete sie zum Schulbüro. Dort saß der bärtige Mann, mit dem Isa noch nie ein Wort gewechselt hatte, über Papiere gebeugt an seinem Schreibtisch, kritzelte dieses und jenes. Schließlich räusperte er sich und sagte: Ich muss dich von der Schule verweisen, Isa.

Aber ich gehe gern in die Schule, antwortete sie.

Darauf kommt es nicht mehr an, erwiderte der Direktor und blickte aus dem Fenster.

Der Lehrer ergriff ihre Hand und zog Isa aus dem Zimmer. Auf dem Weg zurück in den Klassenraum sagte er, dass Isa bestimmt eine andere Schule finden werde, in der es auch schön sei. In Königsberg und in Tilsit gebe es noch Schulen für Judenkinder.

Sie griff nach ihrer Schultasche. Bevor sie den Raum verließ, schaute sie sich kurz um. Die Mädchen, mit denen sie gestern noch gespielt hatte, starrten sie sonderbar an.

Die Mutter wusste schon Bescheid. Sie packte Kleidungsstücke in einen Koffer und bedauerte es sehr, die Möbel nicht mitnehmen zu können.

In Insterburg können wir nicht mehr leben, sagte sie. Wir fahren nach Berlin zu Tante Sarah. Auch dein Vater wird nach Berlin kommen. In Berlin ist alles besser.

Der Mond
von
Marinowen

Kaum hielt der Zug auf freier Strecke, schrie einer in die Dunkelheit hinein: Jetzt sind wir im Krieg.

Von Wagen zu Wagen lief das Kommando zum Fertigmachen. Sie hörten das Keuchen der Lokomotive, ein leichtes Beben lief durch den Zug, Funken flüchteten in die Nacht.

Warum müssen wir immer im Dunkeln ankommen? fragte einer. Gestern gab es wenigstens einen Vollmond, heute ist der Himmel pechschwarz.

Die Soldaten sprangen auf den Schotter.

Zweihundert Meter voraus ist eine Straße, da sammeln wir uns! rief der Leutnant.

Zwei Mann durchsuchten die Wagen mit Taschenlampen; es könnten ja einige eingeschlafen sein. Danach schlossen sie die Türen, der Zug ruckte an, heißer Dampf umwaberte die Räder, langsam, jeden Lärm vermeidend, kroch die Lokomotive den Weg zurück, den sie gekommen war.

Die Lok hat es gut, die fährt nach Hause, sagte einer.

Vor der Chaussee sammelten sie sich.

Es werden Lastwagen kommen, erklärte der Leutnant.

Die Lastwagen waren schon da, standen verdunkelt unter den Alleebäumen und warteten.

Ist das hier noch Deutschland oder schon Russland? wollte einer wissen.

Scheißegal! rief ein anderer. Es ist jedenfalls das Ende der Welt.

Der letzte Bahnhof hieß Marinowen, erklärte Herbert Gruschat.

Wie er es sagte, klang es so, als sei es ihm ein vertrauter Ort.

Im Marinower See habe ich oft gebadet, fuhr er fort.

Ja, Seen gibt es reichlich, meinte ein anderer. Wir sollten hier lieber im Sommer Krieg spielen und nicht im kalten Herbst.

Bevor Herbert Gruschat den Lastwagen bestieg, rauchte er eine Zigarette. Wie er so saß auf dem Trittbrett, spürte er den Geruch der Rübenfelder und der umgebrochenen Erde. Nirgends sah er Licht, es umgab sie eine Finsternis wie im Kohlensack.

Drüben ist die Front, sagte der Leutnant und zeigte in eine Richtung, in der sie Russland vermuteten.

Die Lastwagen brachten sie bis zu den Panzersperren. Von dort ging es zu Fuß weiter, nicht im

Gleichschritt, sondern gemächlich durch den aufge-
wühlten Sand eines Sommerwegs.

Wir lösen eine Einheit ab, die acht Wochen die
Stellung gehalten hat, erklärte der Leutnant.

Die Unterstände empfingen sie kalt und nass. An
einem Balken hing ein Filmplakat mit Kristina Söderbaum, daneben der „Schwarze Mann".

„Reichswasserleiche", sagte einer und tippte der
Söderbaum auf die Nase.

Mit einem Stück Kreide malte er an die Tür: „Es
geht alles vorüber, es geht alles vorbei …"

Auch dieser Spuk wird mal ein Ende nehmen, sagte
er zu Herbert Gruschat und vertiefte sich in den
Anblick der schönen Kristina.

Seit vier Wochen ist es ruhig, erklärte der Leutnant
bei der Einteilung der Wachen. Ab und zu ein kurzer
Artillerieüberfall, mehr geschieht nicht. Es soll auch
noch bis Weihnachten ruhig bleiben.

Herbert Gruschat kam in die erste Wache. Er postierte sich nahe der Straße neben einer Baumgruppe
und bekam zwei Stunden Zeit, das Alter der Bäume zu
taxieren, den Tropfen zu lauschen, die aus dem Geäst
fielen. So still hatte er den Krieg selten erlebt. Kein
Pferdefuhrwerk klapperte seinen Weg, kein Auto be-
fuhr die Chaussee, nicht einmal Nachtvögel gaben
Laut. Er kannte den Peipussee und die Atlantikküste,
die Frontlinien des italienischen Stiefels und der Halb-

insel Kertsch. Aber hier war es anders. Die Front lief durch die Landschaft seiner Kindheit, grub sich auf seinen Äckern und Wiesen ein, durchquerte Wälder, in denen er Blaubeeren gesammelt hatte, und folgte der Uferlinie seines Badesees. Wenn der Krieg so nah vor deiner Haustür steht, ist es eine andere Geschichte, dachte Herbert Gruschat.

Gegen Morgen riss die Wolkendecke auf. Ein totenbleicher Mond hing über der Landschaft. In seinem Licht sah er den Kirchturm, einen vierkantigen Klotz aus roten Ziegeln mit einem aufgesetzten Kegel. Daneben ragte ein weißer Schornstein in den Himmel, wohl die alte Ziegelei. Auf einem Hügel entdeckte er die Windmühle, die Flügel angekettet, weil der Wind eingeschlafen war. Außerdem dürfen an der Front keine Windmühlen klappern.

Linker Hand ein Stoppelfeld, das sie vergessen hatten, unter den Pflug zu nehmen. Voraus ein Rübenacker, der noch vor dem Schnee abgeerntet werden musste. Rübenernte in Eis und Schnee ist der Schrecken eines jeden Bauern. Er sah Mohnköpfe, die längst ihre Farbe verloren hatten und traurig aus dem Blattgrün der Rüben schauten. Auch sie mussten geerntet werden, sonst gibt es keinen Mohnkuchen. Er stellte sich vor, an seinem Geburtstag nach Hause zu kommen, wenn der Mohnkuchen im Backofen wartet.

An die hundert Meter entfernt entdeckte er einen

ausgebrannten Panzer. Also ist der Krieg schon hier gewesen, dachte er. Und wir sollen dafür sorgen, dass er nicht noch einmal nach Marinowen kommt.

Alles ruhig, sagte Herbert Gruschat zu dem Soldaten, der ihn ablöste.

Danach schlief er ein paar Stunden und meldete sich, bevor er zum Frühstück ging, beim Leutnant. Er bat darum, sich für ein paar Stunden von der Truppe entfernen zu dürfen.

Weil ich hier zu Hause bin, sagte er und zeigte zu dem Kirchturm am Horizont und dem weißen Schornstein der Ziegelei.

Der Leutnant breitete eine Karte aus, auf der ein schwarzer Strich die Frontlinie markierte. Sie fanden Marinowen und den See und taxierten die Entfernung auf zehn Kilometer.

Was sind Sie von Beruf? fragte der Leutnant.

Bauer, antwortete Herbert Gruschat. Aber nun schon vier Jahre nicht mehr. Wie Säen und Ernten geht, hab ich verlernt, vor allem fehlen mir die Pferde.

Haben Sie Familie?

Eine Frau, zwei kleine Mädchen und meinen Vater. Der musste nach seinem siebzigsten Geburtstag wieder mit der Landwirtschaft anfangen, weil sein Sohn im Krieg zu tun hatte.

Der Leutnant gab ihm Urlaub bis Mitternacht. Es war ja ruhig an der Front.

Gleich marschierte er los, das Gewehr umgehängt, den Stahlhelm auf dem Kopf. Er mied die befestigte Straße, wählte Abkürzungen, die er kannte, ging Waldpfade und sah, während er marschierte, wie der totenbleiche Mond in den Marinower See fiel. Er hatte Zeit genug, sich seine Heimkehr auszumalen. Diese Überraschung! Der Krieg ist zu Ende, jeder Soldat marschiert in sein Dorf, setzt sich auf die Ofenbank, wärmt seine Füße und erzählt, was er erlebt hat. So kommt man gern nach Hause.

Ob das Vieh noch auf den Seewiesen grast? Kälber und Fohlen werden durch die Rossgärten springen, Enten auf der Dorfstraße watscheln und Hunde hinter Staketenzäunen kläffen. Mittags kommen die Kinder aus der Schule, der Milchwagen klappert übers Pflaster, Sägen kreischen im Holz. Blauweißer Rauch verlässt die Schornsteine, verheddert sich in den Ästen der Apfelbäume, die noch voller Früchte hängen. So wird es sein, wenn er nach Hause kommt.

Er wird Milch trinken, einen ganzen Liter, Milch von den eigenen Kühen. Was wird die Frau auf den Tisch bringen? Mittwoch war Backtag. Also wird sie frisches Brot aufschneiden, fingerdick mit Butter bestreichen, mit Salz bestreuen und zusehen, wie er isst.

Warum traf er keine Menschen? Niemand pflügte die Felder, im Wald rückte keiner das Holz, die Mühlenflügel wollten sich nicht drehen, obwohl Wind aufgekommen war. Er ordnete die roten Dächer den bekannten Namen zu, fand seinen Hof unversehrt, den Teich daneben gefüllt mit schwarzem Wasser und umgeben von Schilfrohr. Die Storchennester längst verwaist, die hohen Eschen an der Dorfstraße hatten ihr Laub verloren, aber keine war gefallen. Geblieben waren die Schwäne, die einzigen Lebewesen weit und breit.

Sein Hof wie unbewohnt. Er sah keine Tiere. Kein Hofhund schlug an, kein Fenster wurde geöffnet. Es fehlten die Menschen.

Sie sind geflohen, als der Krieg in die Nähe kam, dachte Herbert Gruschat. Sie haben das Dorf sich selbst überlassen, dem Regen und Wind, bald auch dem Schnee. Die Schule fand er verriegelt, dem Krug war das Bier ausgegangen, dem Schmied das Feuer erloschen.

Aus leeren Fenstern starrten ihn leere Augen an. Noch nie hatte er ein so leeres Dorf gesehen. Auf allen Kriegsschauplätzen, die er kannte, waren in den Dörfern immer einige zurückgeblieben, die Alten und Gebrechlichen, die nicht davonlaufen konnten. Sie hatten vor ihren Häusern gestanden und das Unheil kommen sehen. Aber in seinem Dorf gab es niemand, nicht einmal Hunde und Katzen.

Den Weg zum Hof war lange keiner mehr gefahren. In alten Wagenspuren stand frisches Regenwasser. Auf der Rampe vor dem Kuhstall warteten leere Milchkannen, vom Garten her wehte Aasgeruch herüber.

Sperlinge begrüßten ihn. Sie saßen auf der Dachrinne und flogen nicht fort, als er auf die Tür zuschritt. Er berührte das Haus, wie man ein Tier anfasst, um es zu streicheln. Die Tür war verschlossen. Es half kein Pochen. Einen Namen müsste er rufen. Aber wer sollte antworten?

Als er durchs Fenster blickte, sah er weiter nichts als den Wasserkessel auf dem Küchenherd.

„An Gottes Segen ist alles gelegen" stand noch an der Wand.

Mittwoch war Backtag, aber im Ofen gab es kein Feuer. Sie hätten eine Nachricht an die Tür heften sollen. Kommen morgen wieder! Oder übermorgen. Oder in einer Woche.

Er besuchte die Scheune und die Ställe, wollte dem Pferdegeruch nachspüren und der Wärme des Kuhstalls. Doch kalt und zugig empfing ihn der Raum, der selbst im tiefsten Winter wohlige Wärme auszustrahlen pflegte, im Kuhstall waren die Fliegen gestorben. In der Tränke stank das abgestandene Wasser. Bald wird es frieren. Sie hatten die Kühe auf die Reise mitgenommen. Wohin nur waren sie gefahren?

Durch die Fenster blickte er in alle Stuben und war froh, dass er keinen Toten fand. Als er das Gewehr entsicherte und abdrückte, flatterten Tauben aus der Bodenluke. Sollte noch ein Mensch in diesem Dorf leben, wird er den Knall gehört haben und sich zu erkennen geben.

Im Garten fand er den toten Hund, verludernd und Geruch ausströmend. Woran bist du gestorben, Alex? fragte Herbert Gruschat.

Er zog Mohrrüben aus der Erde, wollte sie an der Gartenpumpe waschen, bekam aber kein Wasser. Das Pumpeisen kreischte. Wenn es hier noch Menschen im Dorf gibt, werden sie das Kreischen hören.

Überreife Äpfel bedeckten die Erde und faulten vor sich hin. Herbstastern leuchteten ihn an. Für wen blühten sie?

Mit dem Gewehrkolben schlug er das Flurfenster ein und entriegelte die Tür von innen. Wärme schlug ihm entgegen. Wo kam die Wärme her? Glühte etwa die Herdplatte, dampfte im Backofen frisches Brot? Mittwoch war Backtag. Nein, es war nur eine eingebildete Wärme.

Er nahm Platz auf der Ofenbank. Den Stahlhelm legte er neben sich, das Gewehr hängte er an den Kleiderhaken. Auf dem Küchentisch fand er die Bauernzeitung, Ausgabe September 1944, mit einem großen Berichten von der Ernteschlacht.

Bald kommen andere Schlachten, dachte er.

Zu Hause angekommen und doch fremd. Wie die

Gegenstände sich verändern, wie sie bedeutungslos werden, wenn niemand da ist!

Kartoffeln fand er im Keller, genug für einen langen Winter. Er stellte einen Topf auf die Herdplatte, kniete nieder, um Feuer zu entfachen; dabei verbrannte er die Zeitung mit den Ernteschlachten. Am Rauch, der aus dem Schornstein steigt, wird jeder im Dorf sehen können, dass auf Gruschats Hof einer zu Hause ist.

Er aß sich an Pellkartoffeln satt, spazierte durch die Räume, hielt sich lange bei den pausbäckigen Engeln im Kinderzimmer auf. Das gute Geschirr hatten sie mitgenommen, auch die Aussteuerwäsche aus der Truhe. Von der Schublade mit den Papieren und Bildern, darunter auch die Feldpostbriefe von den vielen Fronten, fehlte jede Spur. Das Silberbesteck war mit auf die Reise gegangen.

Es ist nicht mehr dein Haus, dachte Herbert Gruschat. Du könntest es anzünden, und es wäre nichts. Wenn du es nicht machst, werden andere deinen Hof in Brand schießen. Dann ist es aus.

Er legte sich auf die Bank vor dem Kachelofen, schlief ein und träumte von früheren Festen. Niemand kam mit der Kutsche vorgefahren, keiner spielte die Klarinette zum Tanz, es gab kein Lachen und Singen in seinen Träumen.

Am Abend schreckte ihn eine Detonation aus dem Schlaf. Er rannte hinaus und sah den Mond, der am

Morgen so blass in den See gefallen war, im Osten blutrot aufsteigen. Leuchtkugeln schmückten den Himmel. Erst war es nur Artilleriefeuer, dann hörte er das Tacken von Maschinengewehren und das Rasseln der Panzerketten. Die Brände am Horizont gaben dem Mond die rote Farbe.

Wenn der Krieg kommt, malt er alles rot, dachte Herbert Gruschat.

Sollte er sich aufmachen zu seinen Leuten? Warum nicht den Krieg Krieg sein lassen, sich im eigenen Strohberg verstecken und auf das Ende warten? Irgendwann, wenn alles vorbei ist – und es muss einmal vorbei sein –, kommt die Frau mit den Kindern nach Hause. Mittwoch ist Backtag.

Wind war aufgekommen und schlug die Stalltür hin und her.

In aller Ruhe rauchte er eine Zigarette.

Du könntest im Mondschein durch den Wald zu deinen Leuten gehen, dachte er. Oder dich im eigenen Haus verbarrikadieren und auf den Krieg warten. Fallen und begraben werden im eigenen Blumengarten, welcher Soldat hat das schon?

Der Lärm kam näher. Du hast hier nichts mehr zu suchen, dachte er. Er rannte den Feldweg hinab, von einer Kopfweide zur anderen, bis er an die Chaussee kam. Ein Lastauto kam ihm entgegen und hielt.

Wo wollen Sie hin? schrie ein Offizier.

Zu meiner Kompanie an die Front, antwortete Herbert Gruschat.

Ihre Kompanie gibt es nicht mehr. Springen Sie auf, wir nehmen Sie mit!

Als er auf der Ladefläche stand und sich umschaute, sah er mehrere Feuer am Horizont. Das war nicht der Mond über Marinowen, sondern die Glut des Krieges.

Unter einer Plane lagen und saßen ein Dutzend Soldaten, einige schliefen. Verwundete mit notdürftig angelegten Verbänden stöhnten, wenn das Auto durch Schlaglöcher holperte. Als sie am Ortsschild vorbeifuhren, stieß Herbert Gruschat seinen Nachbarn an.

Hier bin ich zu Hause, sagte er.

Ich bin auch irgendwo zu Hause, antwortete der, ohne aufzublicken.

Durch einen Spalt in der Plane fiel Mondlicht.

Es gibt ja doch noch einen Mond, murmelte ein Verwundeter. Dann schloss er die Augen.

Besuch der Weltgeschichte

Nach der Heuernte gab es ein paar stille Tage. Vor dem ersten Schnitt des Getreides hatten die Bauern Zeit, unnütze Dinge zu erledigen. Sie fuhren mit der Eisenbahn spazieren, besuchten mit dem Klapperwagen Tante Amalie in der Stadt oder gingen auf Nachbarschaft. Wenn sie gut geschlafen hatten, nahmen sie auch Kinder mit auf die Reise, damit sie sich nicht so langweilten in der Sommerhitze.

So kam es, dass ich mit Onkel Franz an einem Morgen – auf dem Kalenderblatt stand der 20. Juli – zweispännig in die Stadt fahren durfte. Ich saß neben Onkel Franz auf dem Bock, durfte, wenn es geradeaus ging, die Zügel halten, während der Bauer seinen Priem kaute, mit der Peitsche nippte und Worte murmelte, die nur er und die Pferde verstanden. Mit mir sprach er wenig, fragte nur einmal, ob Lehrer Broschat immer noch im Krieg zu tun hatte, und verstieg sich zu dem Ausruf: Genug ist genug!

Wer mit dem Klapperwagen in die Stadt fährt,

muss singen. So war es guter Brauch. Also sang ich ihm den „Golf von Biskaya", und als ich danach mit der „Erika" anfing, unterbrach mich Onkel Franz.

Mit der Erika sind sie genug marschiert.

Wen wollte er in der Stadt besuchen? Es gab eine Burg aus Kreuzritterzeiten, eine Kirche aus rotem Backstein, die so groß war, dass sie alles überragte, auch das Krankenhaus und den Bahnhof, von dem die Züge zu so entfernten Orten wie Königsberg oder Berlin abgingen. Es hieß, es sei eine angenehme Stadt, aber Onkel Franz wunderte sich, dass der Kerl, der in aller Munde war, sich ausgerechnet dieses Nest ausgesucht hatte, um hier seine Weltgeschichte mit Blut zu schreiben. Ich verstand kein Wort.

Wir fuhren durch eine Landschaft, die anfing, sich gelb zu verfärben. Es roch nicht mehr nach blühendem Roggen, sondern nach reifender Gerste, die vielleicht übermorgen schon unters Messer kommen würde. Im Vorbeifahren taxierte Onkel Franz die Schläge, schimpfte über Disteln und Kamille, die den Feldern die Kraft nahmen. Alles in allem sollte es eine gute Ernte geben in diesem fünften Kriegssommer.

Wenn wir zurückfahren, kannst du Kornblumen für die Mutter pflücken, sagte er.

Es ging auf Mittag zu, als die Türme der Stadt aus gelbem Licht auftauchten.

Zu viele Soldaten in der Stadt, schimpfte Onkel Franz.

Die Uniformierten standen an Straßenkreuzungen und grüßten freundlich, Onkel Franz nahm die Pfeife aus dem Mund und grüßte zurück. Wie die Wachsoldaten stehen sie hier herum, sagte er. Was die wohl bewachen?

Bevor wir die Vorstadt erreichten, hörten wir Motorengeräusch in der Luft. Ein kleines Flugzeug überquerte im Tiefflug die Straße und ging auf einer Wiese nieder, die niemand sehen konnte. Onkel Franz stieg ab, um die Pferde zu beruhigen. Nachdem die Maschine gelandet war, breitete sich wieder Stille aus.

Sicher ein hohes Tier aus Berlin, sagte Onkel Franz und zeigte mit der Peitsche in die Richtung, in der das Flugzeug verschwunden war. Die hohen Tiere kommen und gehen, aber wir bleiben. Wir haben noch viel zu tun. Nächste Woche fängt die Ernte an.

Die Häuser der Vorstadt lagen im Mittagsschlaf. Katzen streunten über das Pflaster, Hunde schlugen an und verstummten wieder. Vor einer Schmiede hielt Onkel Franz, drückte mir die Zügel in die Hand, sprang vom Wagen und verschwand in der schwarzen Höhle. Nach wenigen Minuten kehrte er zurück, warf ein Stück Eisen auf den Wagen, kletterte auf den Bock und ließ die Pferde traben.

Bald ist Mittag, sagte er und fragte, wie es sei mit Hunger und Durst.

Mit Glockengeläut fuhren wir in die Stadt. Die Pferde zog es zum Marktplatz, wo alte Frauen Karotten und Tomaten ausschrien. Es spazierten auch Soldaten, anscheinend in guter Stimmung, über den Markt. Einer, in weiße Binden gewickelt, humpelte am Arm einer Rot-Kreuz-Schwester seines Weges.

Mein Erwin kommt auch bald auf Urlaub, sagte Onkel Franz.

Vor einem Haus, das berühmt war für eine orange Limonade, stellte Onkel Franz das Fuhrwerk ab. Er trank Bier, ich bekam eine Flasche des rötlichen Wassers. Während wir unter dem Lindenbaum saßen, fragte er: Was willst du werden?

Mir fiel das Flugzeug ein, das gerade über unsere Köpfe geflogen war, also sagte ich: Flieger.

Wart man ab, bis der Krieg zu Ende ist, murmelte Onkel Franz. Vielleicht gibt es dann keine Flieger mehr.

Die Turmuhr schlug halb eins. Ein Zug lief mit ziemlichem Getöse in den Bahnhof ein, gab einen letzten Schnaufer von sich und rührte sich nicht mehr, als sei hier das Ende der Eisenbahnwelt.

Genug ist genug, sagte Onkel Franz wieder, und ich wusste nicht, ob er damit den niedergegangenen Flieger oder den stehengebliebenen Zug meinte. Er fand noch Zeit, die ersten Tomaten des Sommers zu kaufen, die er mitnehmen wollte nach Hause, um sie, mit Zucker bestreut, zum Abendbrot zu essen.

Plötzlich hatte er es eilig. Auf dem Rückweg wollte er noch in Görlitz bei einem Schuster anhalten, der sich darauf verstand, derbe Gummistiefel zu flicken. Gerade hatten wir das Haus des Schusters erreicht, als es einen gewaltigen Knall gab, der von Norden her über die Baumkronen hereinbrach.

Das war ordentlich, sagte Onkel Franz und musste wieder zu den Pferden.

Ich dachte, die Lokomotive sei explodiert oder der Kirchturm umgefallen. Sonderbar war, dass der Knall sich in die Länge zog, nicht aufhören konnte, als Echo zu seinem Ausgangspunkt zurückkehren wollte.

Onkel Franz rannte in den Schusterladen. Als er mit ein paar Stiefeln unter dem Arm herauskam, winkte er mir zu.

Lass uns nach Hause fahren, Junge! Ich glaub, der Krieg ist zu Ende.

Unterwegs erzählte er von seinem Erwin, der lange nicht geschrieben hatte, zuletzt aus der Leningrader Gegend. Er wird nun bald nach Hause kommen, behauptete er. Ein Fest wollte er ihm ausrichten, und wenn der Erwin eine Frau findet, wird er ihm den Hof verschreiben und nur noch spazieren fahren.

Am späten Nachmittag kamen wir ins Dorf. Vor dem Krug standen Männer und beredeten dies und jenes. Sie sahen ernst aus und neigten bedenklich ihre Köpfe. Onkel Franz ging zu ihnen. Als er wiederkam, sagte er nur: Der Krieg zieht sich noch ein bisschen hin.

Danach wurde es wieder still bei uns. Bis die Schnitter mit ihren Sensen auszogen, die Mähmaschinen ratterten und die Gewitter mit ihrem Donnergrollen zeigten, dass immer noch Krieg war.

Schwestern

Die Oberin hatte auf den Besuch gewartet. Als sie die beiden durch den Park kommen sah, ging sie zur Tür, sie zu empfangen.

Sie sind die Gäste aus Frankreich, nicht wahr? Trude freut sich schon auf Sie.

Meine Großmutter versteht nur Französisch, antwortete der junge Mann, der die alte Frau am Arm führte.

Trude versteht kein Französisch, dachte die Oberin und ging den beiden voraus. Wie wollten die beiden sich verständigen?

Für solche Begegnungen haben wir einen gemütlichen Besucherraum, sagte die Oberin.

Meine Großmutter heißt Marie, erklärte der junge Mann. Wir sind von Lille nach Holland gefahren und dort über den Rhein. Sie wollte nicht über den deutschen Rhein, darum der Umweg. Ich habe mit dem Land nichts zu schaffen, hat sie gesagt. Wir wollen nur herausfinden, ob jene Trude deine Schwester ist, habe ich ihr gesagt. Deshalb müssen wir über den Rhein nach Deutschland.

In einem Lehnstuhl saß eine weißhaarige Frau, die angestrengt aus dem Fenster blickte.

Der Besuch ist da! rief die Oberin aufgeräumt und spielte Heiterkeit.

Sie kamen sich näher. Trude streckte zögernd die Hand aus. Nein, da war kein herzliches Wiedererkennen, kein Umarmen, sondern nur ein befremdliches Staunen.

Bist du die Marie aus Neuwischken? fragte Trude.

Sie versteht kein Deutsch, mischte sich der Mann ein.

Meine Schwester Marie ist mit mir acht Jahre in die Volksschule Neuwischken gegangen, acht Jahre! Da muss doch etwas von der deutschen Sprache übrig geblieben sein.

Ich heiße René Gaston, stellte der Mann sich vor. Mein Vater war Alfred Gaston und mein Großvater Pierre Gaston. Großvater war mit Marie verheiratet und hatte drei Kinder.

Die Oberin brachte ein Tablett mit Getränken.

Eine gewisse Ähnlichkeit kann ich erkennen, sagte sie.

Wenn sie die weißen Haare, die Runzeln im Gesicht und die graublauen Augen meinen, so sehen alle alten Frauen aus, meinte René Gaston.

Wie alt ist Ihre Großmutter? fragte die Oberin.

Sechsundachtzig Jahre.

Ich bin achtundachtzig Jahre alt und weiß, dass ich eine zwei Jahre jüngere Schwester hatte, erklärte Trude. Wir trugen beide den Nachnamen Jakubeit.

Auch den Geburtsnamen kennt meine Großmutter nicht mehr, antwortete René Gaston. Sie weiß nicht, wo sie geboren ist. Uns sagt sie immer, sie käme aus dem Käseland.

Die Oberin schenkte Tee ein.

Wie sind Sie auf unser Haus und Trude gekommen? fragte sie René Gaston.

Als mein Großvater starb, das ist fünfundzwanzig Jahre her, rief er meinen Vater und trug ihm auf: Kümmere dich um deine Mutter. Sie trägt ein Geheimnis mit sich herum, über das sie nicht sprechen mag. Als mein Vater vor drei Jahren starb, sagte er mir das Gleiche: Kümmere dich um deine Großmutter.

Die Geschichte hängt bestimmt mit dem Krieg zusammen, meinte die Oberin.

Wir wissen nur, dass Großvater französischer Soldat war und 1940 in deutsche Gefangenschaft geriet. Sie brachten ihn in eine Gegend, die sehr weit von Frankreich entfernt lag. In seinen Briefen schrieb er von Schneeverwehungen und großer Kälte. Als er nach dem Krieg zurückkehrte, heiratete er Marie, die er aus Holland mitgebracht hatte.

Trude unterbrach ihn.

Auf unserem Bauernhof in Neuwischken arbeiteten zwei Franzosen.

In Frankreich gibt es eine Stelle, von der man Auskunft einholen kann über frühere Soldaten und ihre Schicksale. Von ihr erfuhr ich, dass Pierre Gaston bei Cambrai in Gefangenschaft geraten war und bis zum Kriegsende auf einem Bauernhof in dem Dorf Neuwischken gearbeitet hat. Also wandte ich mich an die deutsche Botschaft. Die hatten Mühe, den Ort zu finden. Es gab ihn nämlich nicht mehr, weil er russisch oder polnisch geworden war. Von der Botschaft bekam ich die Adresse einer Kreisgemeinschaft Gumbinnen. Von ihr erfuhr ich, dass es dieses Neuwischken nördlich der Stadt Gumbinnen gegeben hatte. Die wussten auch von einem Bauernhof mit zwei französischen Kriegsgefangenen. Der Bauer hieß Jakubeit. Er war Soldat. Seine Frau bewirtschaftete allein mit den beiden Franzosen den Hof. Ende 1944 ist sie mit den beiden Töchtern vor der Roten Armee nach Westdeutschland geflohen.

Als wir auf die Flucht gingen, war Marie noch bei uns, unterbrach Trude den jungen Mann.

René nahm ein Blatt Papier und schrieb untereinander die Namen Neuwischken, Jakubeit, Pierre Gaston.

In einem Seniorenheim am Rhein fand ich eine Trude Jakubeit.

Hattest du eine Schwester mit Namen Trude? fragte ich Großmutter. Sie wusste es nicht.

Na gut, dann werden wir über den Rhein fahren und es überprüfen.

Das kommt alles nur vom Krieg, murmelte die Oberin.

Trude griff nach der Hand der alten Frau und schaute sich die Linien der Innenflächen an, anschließend zupfte sie am Ohrläppchen.

Weißt du nicht mehr, wie du vom Leiterwagen gefallen bist? fragte sie. Du hattest eine Schürfwunde am rechten Arm, die nicht heilen wollte. Mutter sagte immer: Bis zur Hochzeit wird alles besser. Wurde es aber nicht. Als wir auf die Flucht gingen, hattest du immer noch die Narbe.

Sie schob den Ärmel hoch und suchte die Narbe, konnte aber keine finden.

Erzählen Sie uns Ihre Geschichte, forderte die Oberin Trude Jakubeit auf.

Meine Großmutter möchte davon nichts hören, sagte René. Sie wollte nicht nach Deutschland fahren, weil die Deutschen ihren Pierre fünf Jahre gefangen gehalten hatten.

Aber lass Trude uns ihre Geschichte erzählen, vielleicht hilft es weiter, sagte die Oberin.

Marie Gaston wandte sich ab und schloss die Augen, während Trude erzählte.

Ja, wir hatten einen Hof in Neuwischken. Als der Krieg ausbrach, wurde mein Vater Soldat und der Knecht auch. Als Ersatz bekamen wir zwei französische Gefangene, François und Pierre. Die blieben auf dem Hof, bis der Kanonendonner an die ostpreußische Grenze kam und wir fliehen mussten. Die Franzosen mit uns, sie führten abwechselnd die Pferde. Auf dem Wagen saßen meine Mutter, die beiden Franzosen, Marie und ich. Außerdem war da ein kleiner Schudel, den meine Schwester zum sechzehnten Geburtstag geschenkt bekommen hatte und der den Krieg nicht überlebte; seinen Namen weiß ich nicht mehr.

Wie hieß der kleine Hund, den du in Neuwischken hattest? fragte René Gaston seine Großmutter.

Sie wusste von keinem Hund.

Wir fuhren und fuhren, bis wir kurz vor Weihnachten auf der Insel Rügen ankamen, wo uns ein großer Gutshof aufnahm, erzählte Trude. Die beiden Franzosen arbeiteten auf dem Gut, meine Schwester und ich halfen im Haus, bis der Krieg uns einholte. Vor den Russen versteckten wir uns in einer Scheune tief im Stroh, und als die Scheune abbrannte, liefen wir in die nächste Scheune.

Die beiden Franzosen waren frei. Eines Abends kamen sie zu meiner Mutter, um sich zu verabschieden.

Wir wollen nach Frankreich gehen, sagten sie. Wir

werden schreiben, wenn wir da sind. Vielleicht könnt ihr uns in Frankreich besuchen.

Marie Gaston wischte sich die Augen, stand auf und sagte, sie möchte den Raum verlassen, sie habe gewisse Beschwerden und halte es nicht länger aus. René führte seine Großmutter vor die Tür, die Oberin folgte ihnen.

Trude blieb allein in dem Besucherzimmer und dachte an jenen Tag im Mai, der alles auf den Kopf gestellt hatte. Es dunkelte schon, als sie von der Arbeit im Gutsgarten die Dorfstraße entlang nach Hause liefen. Vor der Haustür angekommen, schaute sich Trude um: Marie war nicht da. Sie rannte zurück, rief ihren Namen. Keine Spur von Marie. Zusammen mit der Mutter suchte sie den ganzen Abend, fragte im Gutshaus, in dem Russen einquartiert waren. Am nächsten Morgen ging die Mutter zur Kommandantur, weil sie dachte, die Russen hätten Marie mitgenommen. Der Kommandant schickte sie schimpfend aus dem Raum. Marie blieb verschwunden, und sie hörten nie wieder von ihr. Mutter und Trude blieben noch einige Jahre auf Rügen, hofften immer, Marie würde, wenn sie freikäme, nach Rügen zurückkehren. Wegen der Sorgen um ihre Tochter starb die Mutter früh, sie wurde auf dem Gutsfriedhof in Rügen begraben. Trude blieb eine Weile allein, zog dann in die Stadt, arbeitete im Büro eines volkseigenen Betriebs bis zur Wende.

Danach zog sie an den Rhein, um ihren Lebensabend in einem Heim zu verbringen.

Die Oberin betrat das Besucherzimmer.

Wo ist Marie? fragte Trude.

Sie kommt gleich, sie musste sich ein wenig ausruhen.

Als René die alte Frau ins Besucherzimmer zurückbrachte, überraschte er alle mit dem Satz: Meine Großmutter hat alles verstanden. Sie kann nur nicht deutsch sprechen.

Nun fehlt uns noch Maries Geschichte, sagte die Oberin.

In diesem Augenblick begann Trude das Lied von den fünf weißen Schwänen zu singen, die – das wussten alle, die das Lied kannten – eigentlich junge Mädchen waren. Und nun geschah das Sonderbare: Marie stimmte ein, sang mit ihrer Schwester den deutschen Text dieses traurigen Lieds aus Ostpreußens Norden.

Das Gedächtnis kehrt wieder, staunte die Oberin.

Nicht nur im Lied, Marie erzählte auch in jenem Deutsch, das sie in der Schule von Neuwischken gelernt hatte, wie sie als sechzehnjähriges Mädchen mit Pierre durch das zerstörte Deutschland gezogen war, meistens zu Fuß, manchmal auf Armeelastwagen. Sie schliefen in Feldscheunen, ernährten sich von Feldern und Wäldern. Am Rhein stießen sie auf eine Grenze, über die niemand gehen durfte. Pierre begab sich in ein amerikanisches Lager und erklärte, er sei französischer Kriegsgefangener und wolle zurück nach Frankreich. Es bereitete keine Schwierigkeit, ihm ein Dokument auszustellen, das zum Passieren einer Rheinbrücke ermächtigte. Aber was sollte mit dem Mädchen geschehen? Die Franzosen würden ein deutsches Mädchen nicht über die Grenze lassen.

Vielleicht hilft es, wenn wir heiraten, sagte Pierre damals.

Tatsächlich fand sich im Lager ein Mann, der einen Talar und ein Gesangbuch besaß und sich bereit erklärte, sie zu trauen. Er fragte nicht nach Papieren, nach Vater und Mutter und Trauzeugen. Er verschaffte ihnen auch ein Papier, das ihnen gestattete, nicht als Mann und Frau, sondern als heimkehrende Kriegsgefangene die Grenze zu überschreiten. Marie schnitt ihre blonden Zöpfe ab, setzte eine Militärmütze auf und zog einen Uniformmantel an. An dem Tag, als sie die französische Grenze überschritten, spürte Marie, dass sie schwanger war.

Danach ging das Leben seinen gewohnten Gang. Sie ließen sich in einem Vorort der Stadt Lille nieder, Pierre Gaston mit seiner holländischen Frau Marie. Im Frühling des Jahres 1946 gebar sie einen Sohn und vergaß alles, was sie östlich des Rheins erlebt hatte.

Das kommt nur vom Krieg, sagte die Oberin.

Lancaster
über
Overath

Zum siebzigsten Geburtstag kam die Tochter aufs Land. Nach dem Tee spazierte Mary Brighton mit ihr an den Steinwällen entlang zum fließenden Wasser.

Hast du noch Erinnerungen an deinen Vater? fragte die Tochter, als sie am Bach standen und dem Wasser nachschauten.

Zu meinem sechsten Geburtstag kam er in der schmucken Uniform der Royal Air Force nach Hause, sagte Mary Brighton. Er war fröhlich und versprach, schnell den Krieg zu gewinnen.

Sie zeigte den Weg hinab zum Ende des Steinwalls.

Dort stand er und winkte, sagte sie. Danach sah ich ihn nie wieder.

Hast du Bilder von ihm? fragte die Tochter.

Es gibt viele, aber keines zeigt ihn in der schönen Uniform. Meine Mutter erzählte viel von einem Lancaster-Bomber. Damit flogen sie nach Deutschland, meistens in der Nacht. Eines Tages schrieben sie ihr, er sei vermisst über Deutschland. Sie schickten ihr die persönlichen Sachen, die er zurückgelassen hatte.

Vermisst bedeutet bei Fliegern so viel wie tot, sagte einer, der auch geflogen, aber wiedergekommen war.

Die Tochter versprach nachzuforschen. Sie habe gelegentlich in Deutschland zu tun. Vielleicht gab es dort ein Grab oder eine Gedenkstätte.

Ich werde nicht nach Deutschland fahren, antwortete Mary Brighton. Ich habe Angst vor diesem Land.

Einen Monat später schickte ihr die Tochter einen Internet-Ausdruck, in dem von einem Nachtangriff südlich von Köln im April des Jahres 1943 die Rede war. Ein Lancaster-Bomber sei nahe dem Städtchen Overath in eine Schlucht gestürzt. Über die siebenköpfige Besatzung verlor das Internet kein Wort.

Wenn du hinfahren willst, werde ich dich begleiten, schrieb die Tochter. Schließlich war er mein Großvater.

Mary Brighton brauchte einige Wochen, um die Angst zu überwinden. Im Sommer flog sie schließlich mit der Tochter über den Ärmelkanal nach Köln und bildete sich ein, es sei ungefähr die Strecke, die er damals geflogen war. Von Köln ging es per Eisenbahn weiter nach Overath, wo die beiden Frauen in einer Pension ein Zimmer fanden. Tags darauf besuchten sie das Rathaus, um nach Friedhöfen und Gedenkstätten für die im Zweiten Weltkrieg gefallenen Flieger zu fragen.

In dieser Gegend sind viele runtergekommen, erklärte der Mann, der sie durchs Rathaus führte.

Mein Vater war Pilot eines viermotorigen Lancaster-Bombers. In der Nacht vom 25. zum 26. April 1943 soll die Maschine in der Nähe von Overath abgestürzt sein, erklärte Mary Brighton.

Der Mann zählte Ortsnamen der Umgebung auf, wo es geschehen sein könnte. Er schlug vor, in den Kirchen zu fragen, die für die Toten zuständig seien. Aber in den Kirchen trafen sie nur junge Leute, die von den Zeiten, als Flugzeuge und Bomben vom Himmel fielen, nichts wussten. Von einem Friedhof für englische Flieger hatten sie noch nie gehört.

Am Abend besuchte Mary Brighton mit ihrer Tochter eine Gaststätte. Sie sprachen kein Wort Deutsch und die Gäste kein Englisch. Also malten sie einen viermotorigen Bomber aufs Papier und ließen ihn brennend zur Erde fallen. Daneben schrieben sie die Jahreszahl 1943.

Niemand wusste von einem solchen Vorfall. Es stellte sich auch heraus, dass die meisten Gäste in Anatolien oder Kroatien geboren waren und von diesem Bombenkrieg noch nie etwas gehört hatten.

In der nächsten Kneipe fanden sie eine Kellnerin, die als Au-pair-Mädchen in London gearbeitet hatte. Sie schlug an eine Glocke, und als die Gäste verstummt waren, rief sie in den Raum: Hier ist eine Frau aus

England, die ihren Vater sucht. Er soll im April 43 mit einem viermotorigen Bomber in der Nähe von Overath abgestürzt sein!

Niemand meldete sich. Auch hier waren die Gäste viel zu jung, der April 1943 lag fern hinter dem Horizont ihrer Geschichte.

In einer Ecke saß ein alter Mann und starrte in ein leeres Bierglas. Als die Kellnerin vorbeikam, hielt er sie am Arm fest und bestellte ein weiteres Bier.

Vielleicht kann ich den Frauen helfen, sagte er, als sie ihm das Bier brachte. Heute geht es nicht, heute habe ich zu viel Bier getrunken, aber wenn es Zeit hat bis morgen, werde ich hier vor der Tür stehen und den Frauen die Schlucht zeigen.

Sie verabredeten sich für den nächsten Morgen. Die Frauen kamen rechtzeitig und warteten lange.

Er ist sehr alt und verschläft manchmal die Zeit, sagte die Kellnerin. Aber er wird kommen, ganz bestimmt wird er kommen.

Am Nachmittag erschien er. Er hatte sich angezogen, als wäre es ein Festtag, er trug einen Hut auf dem Kopf, in der Hand einen Krückstock mit silbernem Knauf, eine Hose mit Bügelfalten.

I'm sorry, Ladies! rief er und gab der Katze die Schuld, weil sie ihn nicht rechtzeitig geweckt hatte.

Mary Brighton überließ ihrer Tochter das Sprechen und vertiefte sich in jene Aprilnacht des Jahres 43, als ihr Vater gestorben war. Sind Sie dabei gewesen? hörte sie die Tochter fragen.

Nicht in jener Nacht, sagte der alte Mann. Er sei aus dem Münsterland. Dort habe auf einem Bauernhof in der Nachbarschaft ein englischer Kriegsgefangener gearbeitet, von dem er ein paar Brocken Englisch lernte. Im Mai 43 besuchte ich meine Großmutter in Overath. Da war der Vogel gerade runtergekommen und gewissermaßen noch warm.

Zu dritt wanderten sie zu einer Schlucht, in der zwischen Felsbrocken und Steingeröll Brombeeren wucherten.

Hier lag der Vogel, sagte der Mann und zeigte mit ausgebreiteten Armen auf ein Areal unterhalb einer Felswand. Total ausgebrannt. Wir spielten in den Trümmern, bis der Schrott abgefahren wurde. Damals wurde ja alles gebraucht, jedes Stückchen Metall mussten wir sammeln, auch das Blech der englischen Bomber.

Was ist aus den Männern geworden? mischte sich Mary Brighton ein.

Tote habe ich keine gesehen, antwortete er. Die werden wohl verbrannt sein. Wenn so ein Bomber mit allem Treibstoff in die Luft fliegt, bleibt von den kleinen Menschen, die drin sitzen, nicht viel übrig.

Die Tochter sprach von einem Kreuz, das sie an dieser Stelle zum Gedenken errichten sollten.

Aber nicht in diesem Gestrüpp, widersprach der Alte. Vielleicht weiter oben auf dem Felsen, für jedermann sichtbar.

Er wusste auch nicht, ob es erlaubt sei. Eine Engländerin will ein Gedenkkreuz für einen Flieger, der die deutschen Städte bombardiert hat, in eine Schlucht bei Overath stellen? Wir waren doch Feinde.

Er versprach, sich zu erkundigen, ob die Behörden so etwas zulassen würden. Wenn ja, wollte er nach England schreiben, damit sie mit ihrem Gedenkkreuz rüberkommen, um es in die Schlucht zu setzen.

In der Kneipe, vor der sie sich getroffen hatten, spendierte Mary Brighton dem Alten ein Bier, die Kellnerin setzte sich zu ihnen und schwärmte von ihrer Londoner Zeit, als sie unweit des Portobello-Marktes kleine Kinder spazieren gefahren hatte.

Es ist schön, dass wir jetzt hin- und herfliegen können und keiner mehr Angst haben muss, schwärmte sie. Der alte Mann vertiefte sich in den Bierschaum.

Gibt es bei euch eine Gegend, die Lancaster heißt? fragte er die Frauen.

Lancashire liegt im Nordwesten an der Irischen See, antwortete die Tochter.

Vielleicht werde ich euer Lancashire mal besuchen, sagte er.

Haben Sie Verwandte bei uns? fragte Mary Brighton.

Nur einen Bruder. Er ist im Jahre 40 mit einem Heinkel-Bomber abgestürzt, und keiner kann mir sagen, wo er begraben liegt.

Die Kellnerin schüttelte den Kopf. Der eine fliegt nach Lancashire und fällt in die Irische See, der andere fliegt nach Overath und stürzt in eine Felsschlucht. Und wofür das alles? Das weiß nach sechzig Jahren kein Mensch mehr.

Vielleicht sollten wir einen gemeinsamen Gedenkstein errichten, schlug Mary Brighton vor. Irgendwie gehören sie zusammen, mein Vater und dein Bruder.

Vom Ende
einer schönen
Stadt

Drei Flüsse vereinigten sich zu einem Strom, vier Eisenbahnen kreuzten ihre Schienenstränge, eine Spur führte hinauf nach Litauen, eine andere ostwärts ins russische Reich. Es war eine Stadt der Kasernen, aber mehr noch der Kirchen. Ännchen von Tharau lag hier begraben.

Eines Tages kam der Krieg und verwüstete die Stadt. Erhalten blieben ein paar Kasernen, das Gefängnis und der Bahnhof mit den Schienensträngen nach Litauen und Russland. Die Stadt war menschenleer. Die wenigen Menschen, die noch im Lande lebten, wussten nicht, wie die Stadt zugerichtet war.

Als der Natschalnik den Frauen und Mädchen sagte, sie kämen nach Insterburg, freuten sie sich.

Nun wird alles gut, sagte eine Frau. Sie sprach von einer schönen Stadt mit Grünanlagen und einem Schlossteich, auf dem Enten und Schwäne schwammen. Eine andere erwähnte das Hotel Schwarzer Adler, in dem sie einmal zu Mittag gegessen hatte.

In Insterburg bekommt ihr Arbeit, sagte der Aufseher.

Sie rätselten, welche Art Arbeit es sein könnte. Trümmer räumen? Den Bahnhof herrichten für die Züge nach Litauen und Russland?

Eines Morgens fuhr ein Lastwagen vor. Wachposten sprangen ab, schwangen ihre Maschinenpistolen und befahlen den Frauen, auf die Ladefläche zu klettern.

Fahren wir wirklich nach Insterburg?

Ja, alle fahren nach Insterburg.

Dem Kalender nach müsste es Frühling sein. Aber in diesem Jahr ließ der Frühling auf sich warten. Auf den alten Schnee legte sich mitten im März neuer Schnee und schüttete das erste Grün zu. Kalter Fahrtwind riss an ihren Haaren. Einige versuchten zu singen, aber ihre Stimmen erstarben im kalten Luftzug.

Was haben sie mit uns vor? fragten sich die Frauen. Die Kasernen wären zu reinigen, Stuben einzuheizen, in einer Großküche Kartoffeln zu schälen für die vielen Soldaten.

Bestimmt werden sie uns mit einer warmen Suppe empfangen, behauptete ein Mädchen von fünfzehn Jahren.

Der Lastwagen wühlte durch matschigen Schnee, schaukelte an Gewässern vorbei, deren Namen sie vergessen hatten. Das Eis, von einer Wasserschicht bedeckt, wartete auf den Frühling.

Wisst ihr noch, wie es klingt, wenn das Eis bricht? Es hört sich an wie Kanonendonner.

Dann lieber Eisbrechen, murmelte eine Frau.

Manchmal fuhr der Lastwagen im Schritttempo, sodass es ein Leichtes gewesen wäre, hinten abzuspringen und davonzulaufen. Aber wohin laufen in dieser Trostlosigkeit? Sie wollten zu einer warmen Stube und zu einer warmen Suppe.

Die Straßen menschenleer. Kein Vieh stand auf den Höfen, es fehlte an Hunden und Katzen. Hier und da ein Aschenhaufen unter Schnee.

Wenn der Frühling kommt, müssen die Toten begraben werden, sagte eine Frau. Sonst stinkt es zum Himmel. Also werden wir auf Friedhöfen arbeiten.

Vor der Stadt Insterburg kamen sie durch die Stadt Angerburg. Da trafen sie Soldaten, die Papirossi rauchten und ihnen Worte nachriefen, die sie nicht verstanden.

Nein, es war nicht „Frau komm", sondern Worte, die an zu Hause erinnerten: Na domy!

Endlich lag die Stadt vor ihnen. Als sie sie sahen, stimmten sie das Lied vom Ännchen an, bis ein Soldat das Beifahrerfenster öffnete, in die Luft feuerte und Ruhe befahl.

Die Insterwiesen noch eisbedeckt. Hier und da schwarze Häuflein auf dem Eis, bei denen sich jeder denken konnte, was darunter verborgen lag.

Ich sage ja, wir werden auf dem Friedhof arbeiten.

Wer kennt sich aus in Insterburg?

Sie fuhren zu einem Gebäude, von dem eine Frau sagte, es sei das Gefängnis. Wenn alles in Trümmer fällt, bleiben die Gefängnisse! rief eine andere.

Als der Lastwagen hielt, fiel die Heckklappe: Dawai! Dawai! schrie der Posten.

So werden Schafe entladen, die man ins Schlachthaus treibt, sagte eine Frau.

Keine warme Stube, keine warme Suppe.

Seid froh, dass kein kalter Wind durch die Mauern weht! Wärmen müssen wir uns selbst.

Willkommen in Sibirien! riefen die, die vor ihnen angekommen waren.

Das sollte ein Witz sein, aber keiner konnte lachen.

So geht es Tag für Tag, sagten die, die vor ihnen ins Gefängnis eingezogen waren.

Von überallher kommen die Lastwagen mit Menschen nach Insterburg.

Die Eisenbahn fährt noch, wusste eine. Vor allem nach Osten fährt sie, jeden Tag ein Zug nach Osten.

Sie kamen zum Verhör. Immer die gleichen Fragen: In der Partei gewesen? Oder im BDM? Ist der Mann Soldat? An welchen Fronten hat er gekämpft? Lebt er noch? Karascho.

Die Verhöre brachten Abwechslung in den Gefängnisalltag. Die Verhörer ließen auch Fragen zu wie diese: Was haben wir verbrochen? Warum sind wir im Gefängnis?

Sie gaben immer die gleiche Antwort: Weil ihr verdammte Faschisten seid.

Wo ist Lore geblieben?

Lore ging morgens zum Verhör und ist noch nicht zurückgekommen.

Endlich begann der Frühling, der richtige Frühling mit Wärme und Vogelgesang. Lore nahm ihn nicht mehr wahr, weil sie starb, bevor die Sonne durch die Gitterstäbe ins Fenster schaute und die Zellen erwärmte.

Vielleicht schicken sie uns doch auf die Friedhöfe.

Eines Morgens mussten sie auf dem Gefängnishof antreten. Durch die Trümmerstraßen wurden sie zum Bahnhof geführt, der so weit hergerichtet war, dass Züge kommen und gehen konnten, Züge nach Litauen und Russland.

Zwölf Güterwagen standen bereit. Dawai, dawai!

Wenn es regnet oder schneit, werden wir wenigstens nicht nass! sagte eine Frau und zeigte auf die Dächer, die sich über den Wagen wölbten.

Als sie eingestiegen waren, wurden die Wagen von außen verriegelt. An Abfahrt war nicht zu denken. Es kamen immer noch welche aus der Stadt, und die Posten riefen: Dawai! Dawai! Außerdem fehlte noch die Lokomotive.

Wohin fährt der Mensch um diese Jahreszeit? Die Insel Krim soll eine schöne Gegend sein. Mein Mann schrieb einen Feldpostbrief aus Odessa. Da ist es auch schön. Nur nicht zum Ural, weil da ewiger Winter herrscht.

Durchs Holz der Seitenbretter hörten sie die Vögel singen. Ach ja, es war Frühling.

Endlich begannen die Räder zu klappern, verließen die Stadt, die einmal schön gewesen war. Sie fuhren Tage und Nächte. Ab und zu hielt der Zug, damit die Reisenden ihre Notdurft verrichten konnten, auch mussten die Toten entladen und an den Bahndamm gelegt werden.

Lores Schwester Inge ist nun auch gestorben.

Wenn wir noch lange fahren, werden wir alle sterben.

Im Sommer kommen wir wieder, sagte eine der Frauen. Dann ist die Stadt wieder schön, sagte sie. Wir dürfen die Hoffnung nicht aufgeben, sagte sie. Es wird alles gut werden, sagte sie.

Von den Frauen, die im März 45 nach Osten fuhren, hat keine die Stadt an der Inster wiedergesehen. Der große Sammelplatz für Reisen nach Osten versank in der Geschichte und bekam einen neuen Namen. 1337 von den Ordensrittern gegründet, 1945 untergegangen. Eine kurze Lebensgeschichte.

Ännchen

Fünfzig Jahre sind genug. Die Zeit ist abgestanden, die Haare sind ergraut, der Rosenmund ist spröde geworden. Als Manfred Wittek einen Mann traf, der sich auf der Kurischen Nehrung auskannte, von Haff und Dünen schwärmte, auch von den Menschen, erwachten seine Erinnerungen an Ännchen. Er sah die blonden Haare, Grübchen im Gesicht, Sommersprossen auf der Nase und die Augen so blau wie das Meer, das die Nehrung umspülte. Damals war sie neunzehn, er zwei Jahre älter.

Wir sind alt genug, um einer Begegnung gelassen entgegenzuschauen, dachte er. Ich werde sie nicht erkennen, sie wird mich nicht erkennen. So gehen wir aneinander vorbei.

Du fliegst nach Klaipeda, von dort bringt dich eine Fähre zum Sandstreifen der Nehrung, erklärte der Mann, der die Nehrung abgewandert hatte.

Damals hieß die Stadt Memel wie der Strom, wie die Memelniederung und das Memeler Tief. Von der

Maas bis an die Memel sangen sie und machten die Flüsse Europas zu Grenzen.

Manfred Wittek fuhr nicht des Haffs und der Dünen wegen, sondern weil ihm das blonde Mädchen nicht aus dem Kopf ging. Natürlich war sie eine alte Frau geworden, wenn sie überhaupt noch lebte. Und er war ein alter Mann, der von der Zeit, als sie die Maas und die Memel besangen, nichts wissen wollte. Das Taxi vom Flughafen in die Stadt fuhr an den halb zerstörten Bunkern vorbei, in denen er damals gelegen hatte, immer noch verwundete Erde. Der Altweibersommer pustete Spinngewebe in die Stadt, die Zugvögel waren längst auf und davon, die Storchennester verwaist. Damals setzten sie mit der Fähre von der Stadt zur Nehrung über, liefen nackt in die Ostsee und trockneten im warmen Sand. Die Erinnerung bleibt jung, der Sand ist immer noch warm und das Mädchen nackt.

Auch in der Stadt fand er Spuren jenes Krieges, der vor fünfzig Jahren gewütet hatte. Er fand die Stelle, an der er einen Speicher hatte brennen sehen, auf dem Haff war ein Schiff räuchernd untergegangen. Unversehrt der Theaterplatz, in seiner Mitte der Brunnen mit dem Mädchen. Er hätte gern die nackten Füße der Figur berührt, weil es Glück bringen sollte, aber die Skulptur befand sich unerreichbar auf einem hohen Sockel. Sie jedenfalls war nicht gealtert, Bronze altert nicht. Ihm kamen Zweifel, ob sie damals auch hier gestanden hatte. Es wäre ein Wunder gewesen, wenn sie die Ännchen-Figur in einer Zeit, in der alle Metalle ins Feuer wanderten, auf ihrem Podest gelassen hätten.

Unverändert die Mole. Er hatte sie menschenleer in Erinnerung, weil das Donnern des Krieges schon herüberwehte und die meisten Einwohner geflohen waren. So konnten sie, von keinem Spaziergänger gestört, Betonpfeiler umarmen und händchenhaltend am Kai entlangspazieren. Damals. Heute wanderten Touristen auf und ab, unter ihnen auch blonde Mädchen.

Er setzte sich auf eine Bank.

Suchen Sie was Bestimmtes? fragte ein Mann im Vorübergehen.

Vor fünfzig Jahren habe ich mit einem blonden Mädchen auf dieser Bank gesessen.

Vor fünfzig Jahren gab es eine schlechte Zeit für blonde Mädchen, meinte der Mann und fragte nach dem Namen des Mädchens.

Manfred Wittek erinnerte sich nicht mehr.

Vielleicht hieß sie Ännchen, sagte der Mann und lachte. In Klaipeda heißen alle schönen Mädchen Ännchen.

Er zeigte zum Theaterplatz und dem Brunnen mit der Bronzefigur.

Mein Mädchen war aus Fleisch und Blut, bemerkte Manfred Wittek.

Das Brunnen-Ännchen ist sehr jung, wusste der Mann. Früher stand auf seinem Platz ein Panzerdenkmal, für eine gewisse Zeit auch eine Hitler-Büste und noch früher das alte, ewig junge Ännchen. Vermutlich wird es im Krieg untergegangen sein wie alle schönen Mädchen von Klaipeda.

Er fuhr mit der Fähre zur Nehrung, setzte sich in den Sand und betrachtete die Stadt aus der Ferne. Als sie Memel vor fünfzig Jahren aufgaben, war er im Schutz der Nacht über das Memeler Tief auf die sichere Nehrung gefahren. Das Mädchen hatte er mitnehmen wollen, aber der Feldwebel verbot es ihm. Soldaten, die auf dem Rückzug ihre Mädchen mitnehmen, sind zu sehr abgelenkt von den Kriegsgeschäften. So blieb sie im brennenden Memel und wurde mit den Jahren eine alte Frau.

Die jungen Mädchen von damals saßen heute auf dem Fischmarkt in langen schwarzen Röcken, die bis zu den Holzklumpen reichten, das graue Haar unter einem weißen Tuch verborgen, grau auch der Kittel, eine letzte Errungenschaft aus der Sowjetzeit.

Auf dem Theaterplatz verkauften fliegende Händler Bernstein. In den Nebenstraßen standen alte Frauen mit Zwiebel-, Tomaten- und Gurkenkörben. Manfred Wittek lief einer Touristengruppe aus Westfalen über den Weg.

Suchen Sie auch Ihr Ännchen? fragte eine Frau und

lachte. Hier heißen alle Ännchen, aber jung geblieben ist nur eine, die da drüben am Brunnen.

Jede Fähre, die im Hafen anlegte, ließ Menschenströme in die Stadt fließen. Die Besucher pilgerten an den fliegenden Händlern vorbei, an deren Armen Bernsteinketten baumelten. Sie hielten sich an Ständen mit alten Postkarten und schäbigen Utensilien auf, die sie aus den Ruinen gekratzt hatten. Ein Emailleschild mit dem Spruch „Üb immer Treu und Redlichkeit" baumelte an einer Bretterwand und sollte zwei deutsche Mark kosten.

Auf der Fensterbank eines baufälligen Hauses lagen frühe Äpfel, sandige Kartoffeln und ein Bündel Karotten. Inmitten des Gemüsestilllebens ein Menschengesicht, eine alte Frau, die auf die Besucher von der Fähre zu warten schien. Manfred Wittek blieb auf der anderen Straßenseite stehen und blickte hinüber. Die Hände lagen – müde vom Graben, Sammeln und Schälen – auf der Fensterbank, spielten gedankenverloren mit ein paar Zwiebelchen. Er wagte es nicht, sie zu fotografieren, es könnte sie verletzen. Als die Frau ihn bemerkte, hob sie einen Apfel und winkte.

Die Besuchergruppe aus Westfalen holte ihn ein, versammelte sich vor dem Fenster. Einer kaufte einen Apfel, andere legten nur ein paar Münzen ins Gemüse.

„Ännchen" singen! rief ein Mann.

Die alte Frau schüttelte müde den Kopf.

Es hat ihr die Stimme verschlagen, sagte ein Mann aus Westfalen. Früher hat sie immer „Ännchen" gesungen, alle Strophen auf Deutsch oder Litauisch, wie gewünscht. Aber nun ist sie alt geworden und kann nicht mehr singen.

Die Westfalen zogen weiter, sie sangen nun selbst „Ännchen von Tharau", bis sie hinter der Straßenbiegung verschwunden waren.

Manfred Wittek blieb an der Mauer und überlegte, ob er sie fotografieren sollte. Die Frau verschwand kurz im Dunkel ihrer Stube, erschien mit einem Kästchen, das sie zwischen die Karotten stellte. Sie winkte.

Er schlenderte über die Straße zu ihrem Fenster. Lachend zeigte sie auf den Inhalt ihres Kästchens, eine Sammlung von Kugelschreibern. *Saubere Energie* las er und HEW, Mecklenburgische, Sparkasse Frankfurt, Marriott, Concordia, Protech, Pflegerische Dienste der Diakonie … Das waren Grüße aus einer fernen Welt, die sich in einer wurmstichigen Truhe in der Hafenstraße von Klaipeda eingefunden hatten. Nein, sie wollte die Stifte nicht verkaufen, sie sammelte sie, weil sie sie für wertvoll hielt, und forderte ihn auf, ihr auch einen Kugelschreiber zu schenken. Er zog seinen Kugelschreiber aus der Jackentasche. Die Frau las den eingravierten Namen Manfred Wittek, führte den Kugelschreiber an den Mund und küsste den Namen.

Sprechen Sie deutsch? fragte er.

Sie nickte.

Darf ich fragen, wie Sie mit Vornamen heißen?

Sie lachte und schüttelte den Kopf.

Haben Sie im Sommer vierundvierzig auch in Memel gelebt?

Ach, es war ein schöner Sommer, wir haben viel gebadet.

Sie holte ein weiteres Kästchen. Es enthielt gelbstichige Fotografien: Kinderbilder, Pferdegespanne, Kuhherden auf grünen Weiden, die Dünen der Nehrung, Badeleben am Ostseestrand, alles in Schwarz-Weiß.

Unten im Kästchen lagen Oblaten, weiße Engel und eine schwarze Madonna mit Kind. Schließlich kramte sie ein Bild hervor, das eine Gruppe Soldaten zeigte, aufgestellt neben einer Kanone im Dünensand, alle mit nackten Oberkörpern und braun gebrannt. Die alte Frau wischte mit der Hand über die Gesichter.

Der Krieg hat alle kaputt gemacht, sagte sie.

Er beugte sich über das Bild, tippte auf ein Gesicht.

Das bin ich, sagte er.

Die alte Frau verstand nicht, sie lachte nur.

Alle kaputt, alle kaputt! klagte sie.

Nein, sie wollte das Bild nicht hergeben, auch die Oblaten und die Kugelschreiber waren unverkäuflich. Äpfel, Karotten und Zwiebelchen könne er haben, so viel er wolle. Sie kosteten fast nichts.

Während er noch überlegte, wie er die Äpfel und Zwiebelchen tragen sollte, begann sie zu singen. „Ännchen von Tharau" sang sie. Ihre schrille Stimme wehte die Straße hinab zum Wasser.

Sie kann doch noch singen, wunderten sich die Westfalen, als sie auf dem Rückweg vorbeikamen.

Nachdem er alles Gemüse gekauft hatte, schloss sie das Fenster. Er sah, wie sie seinen Kugelschreiber küsste, dann zog sie die Vorhänge zu.

Am Abend fuhr er mit den Westfalen nach Nidden zu einem Konzert in der alten Kirche. Kaum saßen sie im Gotteshaus, bezog sich der Himmel, Blitze zuckten und der Sturm riss an den alten Kiefern des Friedhofs. Die Orgel hatte Mühe, den Donner zu übertönen. Regen klatschte gegen die bunten Scheiben. Manfred Wittek sah schwarze Wolken vom Meer aufsteigen, über die Dünen fliegen und im Haff untergehen.

Ein Frauenchor sang, erst auf Litauisch, dann auf Deutsch. Und alle Besucher weinten.

Tote Steine

An einem Aprilmorgen des Jahres 1932 erreichte Karl Dudda der Anruf, er solle sich mit seinem Taxi zum Allensteiner Flughafen begeben. Dort werde eine bedeutende Persönlichkeit eintreffen, die er auf einer Reise durch Masuren begleiten solle. Den Namen der Persönlichkeit nannte der Anrufer nicht. Nur so viel erfuhr Dudda: Das Flugzeug komme aus Berlin.

Auf dem Flugplatz empfingen ihn Männer in braunen Uniformen, die erwartungsvoll zum Himmel starrten. Als eine kleine Maschine aus den Wolken fiel, vor ihnen aufsetzte und ausrollte, rissen die Männer den rechten Arm hoch. Kaum hatte der erwartete Gast das Rollfeld betreten, schrien sie Heil.

In seiner Autofahrerkluft mit Lederjacke und Manchesterhose kam Dudda sich fremd vor unter den braunen Herren. Er kannte keinen, auch die Persönlichkeit nicht, die er durch Masuren fahren sollte, bis einer ihn beiseite nahm und flüsterte: Er ist unser Führer.

Der Mann trug ein schwarzes Bärtchen auf der Oberlippe, die Haare waren streng gescheitelt, den Körper umhüllte ein Ledermantel, die schwarzen Schuhe wirkten auffallend klein.

Bevor er ins Auto stieg, tippte er Dudda auf die Schulter und fragte, ob er gedient habe.

Im Weltkrieg war ich noch ein Schuljunge, antwortete Dudda. Und nach dem Krieg brauchte die Reichswehr keine Soldaten, also lernte ich Autofahren.

Der Besucher begab sich in den Fonds des Wagens, ein jüngerer Mann, auch in Braun, nahm auf dem Beifahrersitz Platz und erteilte Dudda die notwendigen Befehle. Die übrigen Herren fuhren in einem kleinen Auto hinterher. Als Erstes sollte Dudda nach Neidenburg fahren, zu jener Stadt, die im August 14 bis auf die Grundmauern niedergebrannt war. Unterwegs erlebte er Seltsames. In den Dörfern standen Menschen an der Straße, schrien Heil und hoben den rechten Arm. Die Ortseinfahrten schmückten Girlanden, an den Ästen der Straßenbäume hingen rot-weiße Tücher. Deutschland erwache! verkündete ein Plakat.

In den Städten war der Menschenandrang noch größer. Dudda musste Schritt fahren. Oft hielt er an, während sein Gast, im Auto stehend, eine Ansprache hielt, dabei immer das Gleiche sagend. Er begann mit dem Versailler Diktat, es folgten die Novemberverbrecher und die Kriegsschuldlüge. Mädchen warfen

Buschwindröschen und Osterglocken in den Wagen, Väter hoben ihre Kinder auf den Arm und erwarteten, der Gast werde seine Hand auf das blonde Haar legen. Auf dem Marktplatz von Neidenburg durchbrachen die Menschen die Absperrung, um dem Gast aus Berlin nahe zu sein.

Von dort aus fuhren sie nach Willenberg, begleitet von einem Flugzeug, das am Himmel kreiste und eine Hakenkreuzfahne hinter sich her zog. In Willenberg ging es wieder um die Novemberverbrecher und die Kriegsschuldlüge. In Ortelsburg fragte der hohe Herr nach der Kaserne der Ortelsburger Jäger. Vor dem Kasernentor gab es ein einfaches Mittagessen aus der Gulaschkanone, man löffelte Erbsensuppe, trank dazu Bier, der Führer begnügte sich mit klarem Wasser. Auf den Dächern der Stadt hockten die, die es ganz genau sehen wollten. Sie umklammerten Schornsteine und hörten wieder die Rede vom Versailler Diktat. Später schrieben die Zeitungen, der 19. April sei eine „masurische Offenbarung" gewesen.

Als es dunkelte, fuhren sie in Johannisburg ein. Während sein Fahrgast zu den Menschen sprach, suchte Karl Dudda eine Tankstelle auf. Seine Erwartung, der junge Mann an seiner Seite werde die Tankrechnung bezahlen, erfüllte sich nicht. Der gab vor, kein Geld bei sich zu haben. Nehmen Sie es auf die große Rechnung, sagte er.

Die Stadt Lyck erreichten sie in dunkler Nacht. An die zwanzigtausend Menschen harrten aus, um zu hören, was der Führer zu sagen hatte. Während er redete, aß Dudda zwei Klopse mit Schwarzbrot und polnischen Gurken.

Ein neuer Tag war längst angebrochen, als die Rundreise am Allensteiner Flugplatz endete. Die braunen Herren bildeten einen Kreis, rissen die Arme hoch, riefen Heil und gratulierten zum Geburtstag. Indessen rechnete Karl Dudda die Kilometer aus, gab die Benzinrechnung dazu und verlangte schließlich aufgerundet fünfzig Reichsmark.

Einer der braunen Herren legte ihm die Hand auf die Schulter. Bester Mann, sagte er. Sie durften den Führer fahren, das war eine Auszeichnung, für die man kein Geld verlangen darf. Schenken Sie die fünfzig Reichsmark unserem Führer zum Geburtstag. Wenn wir an der Macht sind, wird er sie großzügig belohnen.

Also gut, Karl Dudda nahm es auf die große Rechnung, die irgendwann beglichen werden musste. Das Geburtstagskind schüttelte ihm die Hand und dankte dafür, ihn so sicher durch die unwegsame masurische Wildnis gefahren zu haben. Gehen Sie zu den Ortelsburger Jägern! hörte Dudda seine Stimme.

Zu Hause angekommen, schrieb er die fünfzig Reichsmark in sein Rechnungsbuch zur Vorlage am

Tag der Machtergreifung, spätestens zur endgültigen Begleichung beim Endsieg.

Jahrzehnte später kreuzten sich ihre Wege noch einmal. Dudda hatte den Zweiten Weltkrieg überlebt, nicht bei den Ortelsburger Jägern, sondern als Panzerfahrer an allen Fronten. Nach dem Krieg besuchte er jene Steine, die seinem Fahrgast damals in einem Waldstück in Masuren errichtet worden waren und die auf das Ende ihrer tausend Jahre warteten. Er fand meterdicke Mauern und düstere Höhlen, in denen Fledermäuse nisteten. Der Geist, der in diesen Felsen rumort hatte, war längst verflogen, nur die von ihm verursachten Trümmer waren geblieben. Auf einer Wandtafel sah er das Bild jenes Mannes, den er damals durch Masuren gefahren hatte und der ihm noch fünfzig Reichsmark schuldete. Er hatte nichts Wertvolles hinterlassen, mit dem die Schuld beglichen werden konnte, nur tote Steine. Irgendwann werden die Birken ihre Wurzeln in die Spalten des Gesteins treiben und es zerstören … in tausend Jahren.

Ein Tag im
Oktober

Am Morgen fuhren sie auf die Felder, pflügten und gaben die Wintersaat in die Erde. Es hatte Nachtfrost gegeben, deshalb holten sie das Vieh abends in die Ställe und ließen es nur noch am Tage auf den Wiesen grasen. Die Kartoffeln lagen schon in den Mieten, als Nächstes wären die Rüben zu ernten. Dann konnte der Winter kommen.

Aber zuvor kam der Krieg. Bei der Arbeit auf den Feldern hörten sie ihn, vernahmen sein Rumoren von Nordosten her. Die Zeitungen schrieben, der Krieg sei an der Grenze zum Stehen gekommen, weiter gehe er nicht, nie und nimmer. Die Grenze lag fünfzig Kilometer entfernt. Sie hörten den Krieg jeden Tag, manchmal auch nachts. Flugzeuge rasten so tief über die Felder und waren schon fort, bevor die Pflüger aufsehen konnten. Einmal schossen sie ein Pferd tot.

Trotz dieser Unruhe war es ein schöner Herbst mit viel Sonnenschein, bunten Blättern und weichen Nebelschwaden, die vom Flüsschen Angerapp heraufzogen und sich über den Feldern verloren. Es ging seinen Gang, bis im Morgengrauen des 21. Oktober die Vorhut der 25. Panzerbrigade das Dorf erreichte. Gewehrfeuer weckte die Einwohner, Granaten explodierten. Hofhunde bellten die Panzer an, bis sie verstummten. Kühe irrten durch die Straßen. Als Erstes brannte eine Scheune. Menschen in Nachtkleidern stürzten aus ihren Häusern, rannten über die Felder zum Waldrand.

Mit den Panzern stürmten Soldaten ins Dorf, schlugen Türen ein, zerbrachen Fensterscheiben. Die Hofhunde gaben keinen Laut. Bald brannte die zweite Scheune.

Als die Sonne aufging, war das Dorf in ihrer Hand. Soldaten gingen von Haus zu Haus, hier fielen Schüsse, da fielen Schüsse. Kinder weinten, weil die Soldaten ihre Mütter holten.

Die Panzer versammelten sich am Dorfeingang und warteten auf weitere Befehle. Sollten sie nach Westen stürmen, das eroberte Dorf halten oder zurückkehren an die Grenze, von der sie gekommen waren?

Um die Mittagszeit hörte das Schießen auf. Die niedergebrannten Gebäude räucherten nur noch.

Zwei Tage und zwei Nächte blieben sie in Nemmersdorf. Alten Männern befahlen sie, für die Toten Gräber auszuheben. Sie gruben und gruben – noch war die Erde weich –, und als der Nebel kam, rannten einige über den Fluss davon.

Dann kehrte der Krieg zurück. Ein Gegenstoß, von Westen kommend, befreite das Dorf. Und wieder mussten die alten Männer das tun, was die Soldaten befahlen: die Leichen einsammeln und in einer Reihe auf den Sturzacker legen. Vier Frauen, vier Kinder und einen Mann fanden sie tot in einem Brückentunnel, in dem sie sich sicher geglaubt hatten. Eine Frau hing nackt wie der Gekreuzigte an einem Scheunentor. Auch aus den Nachbardörfern brachten sie Leichen und legten sie zu den anderen auf den Sturzacker. Am Ende zählten sie einundsechzig Tote, darunter keine Soldaten. Das von einer Panzergranate zerfetzte Ortsschild hing verstümmelt in einem Baum.

Drei Monate nach dem Tag im Oktober kehrte die 25. Panzerbrigade in das Dorf an der Angerapp zurück, traf aber keine Menschen.

Sommeranfang

In der Nacht, in der die Sonne ihre nördlichste Bahn erreichte, begann um vier Uhr fünfzehn der Sommer. An einem Sonntag. Die Alten, die nicht mehr schlafen konnten und vor ihren Haustüren standen, wunderten sich, dass noch Wildgänse über den Himmel zogen. Zu spät oder zu früh? fragten sie. Die Vögel flogen in großer Höhe, nicht sichtbar, aber hörbar auf ihrem Weg nach Karelien. Ungehindert überquerten sie den Grenzstreifen, flogen bei Ragnit über den Memelstrom und tauchten ein in das spärliche Licht, das die Stelle markierte, an der die Sonne aufgehen wollte. In Russland wird sie aufgehen und zwanzig Stunden später in Deutschland untergehen. So wird es sein am 22. Juni.

In den Grenzdörfern verschliefen sie den ersten Tag des Sommers, nur wenige hörten die frühen Vögel. Soldaten, die an der Grenze standen, nahmen sie wahr und deuteten den Gesang für das, was kommen mochte. Sie dachten an Walter Flex und sein Lied von den Wildgänsen, die mit schrillem Schrei nach Norden gezogen waren. Der Dichter fiel im Ersten Weltkrieg mit seinen Wildgänsen.

Kaum waren die großen Vögel fortgezogen, nahm der Himmel die Farbe Rot an. Über der Grenze stiegen Leuchtkugeln auf und verglühten in den Wäldern. Die alten Männer, die nicht schlafen konnten, zündeten ihre Pfeifen an. Der Gesang der Wildgänse war verstummt, und doch hörten sie ein eigentümliches Brummen, das von West nach Ost zog.

Flugzeuge, sagte einer.

Es waren nicht die Wildgänse, sondern Flugzeuge, die den Krieg in dieses stille Land brachten. Als die Maschinen die Grenze erreichten, begann die Artillerie zu schießen, Leuchtspurmunition raste über Baumspitzen, Panzer brachen durchs Unterholz, und überall huschten Schattenmänner durch den Morgen, warfen sich ins Gebüsch, sprangen auf, rannten weiter, bis auf jene, die nicht mehr aufstehen konnten. Als die Bomber ihre Last abwarfen, dröhnte die Erde, in den Bauernhäusern nahe der Grenze zitterte das Fensterglas, der Morgenkaffee schwappte über. Am östlichen Himmel brachen Feuer aus, und inmitten der Flammen stieg endlich in aller Ruhe, als ginge es sie nichts an, die Sonne aus den Wäldern.

Gegen zehn Uhr läuteten Kirchenglocken den Sommer ein oder den Krieg. Das einsame Bimmeln trieb mit den Bombengeschwadern ostwärts, ging unter im Lärm jenseits der Grenze. Ach ja, es war Sonntag.

Gegen Abend kehrte Ruhe ein. Nur in der Ferne, weit schon in Russland, rumorte es immer noch. In der Dämmerung kamen wieder Wildgänse, zogen mit klagenden Rufen über eine verwüstete Grenze, umflogen die schwelenden Feuer und die grauen Rauchsäulen. Die frischen Gräber mit den Birkenkreuzen sahen sie nicht, das Lied, in dem es heißt: „die Welt ist voller Morden", hörten sie nicht.

Ob sie wiederkommen werden? fragten die alten Männer, nachdem die letzte Pfeife ausgegangen war. Zum Ende des Sommers kehren sie zurück, zur Zeit der Tag-und-Nacht-Gleiche.

Fernaufklärer

Wir wanderten auf der Promenade von Cranz. Ach, die Juninächte sind zu kurz für Liebespaare! Um zehn Uhr musste er in der Kaserne sein. Gegen vier Uhr morgens startete seine Maschine, mittags kehrte er heim. Ich wartete auf ihn an der Haltestelle der Samlandbahn. Bevor die Sonne unterging, rannten wir durch den Sand den auslaufenden Wellen entgegen.

Peter war Funker eines Fernaufklärers. Mehr durfte er nicht sagen.

Ich wäre gern mit ihm geflogen, tief hinein nach Russland geflogen. Am frühen Morgen in den Himmel, und am Nachmittag zur Promenade von Cranz.

Du bist wie Lili Marleen, sagte er, als ich ihn am Kasernentor verabschiedete.

Ich heiße Christine und komme aus Zella-Mehlis. In die östliche Provinz hatten sie mich versetzt, um Schulkinder zu unterrichten, deren Lehrer im Krieg waren. Mein Zimmer lag nahe dem Flugplatz, ich sah die Maschinen kommen und gehen.

Peter sprach nicht gern über sein Zuhause.

Ach, wir Flieger sind überall zu Hause, sagte er.

Manchmal brachte ich Hefte mit an den Strand, die ich korrigieren musste. Er ließ, während ich korrigierte, Steine übers Wasser hüpfen.

Ende Mai bekam er drei Tage Urlaub. Wir fuhren zur Kurischen Nehrung, lebten in einem Fischerhaus, drei Tage und drei Nächte. Nein, eine richtige Verlobung mit goldenen Ringen war es nicht, nur ein Zusammensein im Dünensand, während unter uns das Meer rauschte. Er fand ein Stück Bernstein und schenkte es mir.

Lili Marleen muss warten, bis der Krieg zu Ende ist, sagte er und lachte. Dann feiern wir richtig Verlobung in Zella-Mehlis.

Am 1. Juni rief Peter nicht an. Es starteten und landeten immer noch Maschinen, aber er meldete sich nicht.

Ich schrieb ihm einen Brief. Wohin sollte ich ihn schicken? Er hieß Peter und war Funker eines Fernaufklärers. Mehr wusste ich nicht.

Vielleicht hatten sie ihn zu anderen Kriegsschauplätzen versetzt.

Schließlich rief ich in der Kaserne an. Ich bin seine Verlobte, sagte ich.

Wir dürfen keine Auskunft geben, gaben sie mir zur Antwort.

Also lauschte ich weiter den Maschinen, die auf Feindflug gingen und vom Feindflug zurückkehrten. Oder auch nicht. Allein mochte ich nicht an den Strand fahren. Wir könnten uns verfehlen, wenn er doch käme.

An wen sollte ich mich wenden? Über Eltern und Verwandte hatte er kein Wort verloren. Er kam aus dem „Reich", wie es damals hieß, vom Ufer eines großen Flusses. Es könnte der Rhein, die Donau oder die Elbe sein.

Einen Tag vor Pfingsten, als der Fliederduft durch die Straßen zog, kam ein Feldpostbrief von ihm:

Hast du heute an mich gedacht? Wir flogen in den herrlichen Morgen nach Russland hinein. Ein Fliederstrauß begleitete uns, und ich stellte mir vor, du hättest ihn mir geschenkt.

Diese Feldpostbriefe sind schrecklich lange unterwegs.

Eine Woche nach Pfingsten ein weiterer Brief, blau mit amtlichem Stempel:

Vermisst zwischen Charkow und Tschitomir am 1. Juni 1944.

Handschriftlich hatte jemand hinzugesetzt:

Er hatte Sie als seine Verlobte angegeben, deshalb senden wir Ihnen diese Nachricht. Weitere Angehörige sind nicht bekannt.

Züge
zum
Überleben

Im Winter fahren keine Züge. Wenn die Frühlingssonne die Schienen vom Schnee befreit hat, werden sie
kommen, wird die Stadt wieder Anschluss finden an
das große Netz aus Eisen, das um die Welt führt. Alle,
die in den Trümmern lebten, warteten auf Züge. Sie
sollten etwas bringen, was sie zum Leben brauchten,
oder sie mitnehmen in erträglichere Gegenden.
„Heim ins Reich", sagten sie und wussten nicht, dass
es das Reich nicht mehr gab. Nachts hörten sie manchmal ein Heulen wie von Lokomotiven. Oder streunten
Wölfe, die übers Haff gekommen waren, durch die
Stadt?

Der Hauptbahnhof war wie durch ein Wunder heil
geblieben. Schienenstränge, überdachte Bahnsteige,
alles war vorhanden. Nur die Züge fehlten. Manchmal
liefen sie zum Bahnhof, um Patronenhülsen zwischen
den Schienen zu suchen. Wenn sie heimkehrten, erzählten die Mütter von friedlichen Tagen, als sie vom
Hauptbahnhof ins Reich fahren konnten.

Der Schnee hielt sich lange. Wenn er nur das trockene Gras des Vorjahres freigeben würde, wäre es schon gut. Aus dem Gras könnten sie eine Suppe kochen.

Die Zugvögel kamen früh übers Frische Haff, rasteten ein paar Tage in der Trümmerlandschaft, bevor sie weiterzogen zu baltischen Gegenden. Mit einer Flinte hätten sie sich einen Gänsebraten schießen können, doch die Gewehre, die so sehr gelärmt hatten, waren verstummt. Als Ulla den Wildgänsen nachschaute, die sich in nördlicher Richtung davonmachten, wünschte sie, fliegen zu können, fliegen in ein Land, in dem es genug gab für alle, für Menschen und Wildgänse.

Ich werde Brot holen, sagte sie zu ihrer kranken Mutter, mit der sie in einer Blechhütte am Fluss lebte.

Wo willst du Brot finden? Früher gab es zu deinem Geburtstag immer Kuchen, heute wäre ein Stück trocken Brot ein Geschenk.

Ulla wusste nicht, wann sie ihren Geburtstag feiern sollte, morgen schon oder in einer Woche. Nur das war gewiss: Es musste im Frühling sein.

Vor drei Jahren feierten wir deinen Geburtstag zum letzten Mal, sagte die Mutter. Da wurdest du elf.

Ich werde zu den Soldaten gehen und nach Brot fragen.

Zu den Soldaten gehen ist gefährlich, meinte die Mutter. Mädchen in deinem Alter nehmen sie gern.

Aber der Kommandant hat es verboten, wusste Ulla. Es kostet zehn Jahre Lager in Sibirien.

Weißt du noch, wie sie in den Tagen, als der Krieg zu Ende ging, über alles herfielen, das weiblich aussah, seufzte die Mutter. Und die Kinder mussten es mit ansehen.

Vielleicht finde ich am Bahnhof Brot, sagte Ulla.

Der Bahnhof hat nur Steine und Eisen, antwortete die Mutter.

Sie ging zum Bahnhof, traf dort einen Jungen, der auch auf Züge wartete. Er wusste, woher sie kamen und wohin sie gingen, und glaubte, es werde ein Zug mit Brot oder Rüben oder Säcken voller Mehl ankommen, aus dem sie sich bedienen konnten.

Von Deutschland kommen keine Züge, sagte er. Es gehen auch keine nach Deutschland. Dieses Deutschland gibt es gar nicht mehr.

Er nannte sich Hans und behauptete, ungefähr vierzehn Jahre alt zu sein. Geboren war er am Memelstrom, also in einer Gegend mit Brot in Hülle und Fülle.

Sollte mal ein Zug an die Memel fahren, müssten wir aufspringen, sagte Hans. Und du kannst mitkommen.

Ich muss erst meine Mutter fragen, antwortete Ulla.

Ich hab eine Großmutter, die ist furchtbar alt und kann nicht mehr sehen, erklärte er. Wenn wir deine

Mutter und meine Großmutter fragen, kommen wir nie an die Memel. Sie werden uns die Reise verbieten.

Sie warteten einige Tage, aber es kamen keine Züge. Es genügte ihnen, Grashalme zwischen dem Schotter zu finden, die sie sammelten und nach Hause trugen.

Eines Abends kam ein Zug, der leere Kohlenwagen nach Russland bringen wollte. Da er nicht anhielt, sondern langsam durch den Bahnhof rollte, sprang Hans auf den letzten Wagen, streckte die Hand aus und zog Ulla zu sich hinauf. Im Innern des Wagens standen ein paar rostige Tonnen, hinter denen sie sich versteckten.

Klick-klack, klick-klack machten die Räder. Über die offenen Wagen trieb der Rauch der Lokomotive. Weil sie im Zugwind froren, kauerten sie sich dicht aneinander, wickelten um ihre Füße die wattierte Jacke, die Hans von einem russischen Soldaten geschenkt bekommen hatte. Ein paar Mal rannten sie im leeren Kohlenwagen auf und ab, um die Füße am Einschlafen zu hindern. Es polterte schrecklich.

Sie fuhren durch ein düsteres Land, in dem kein Licht brannte.

Wo keine Menschen sind, braucht es kein Licht, sagte Ulla.

Auch die Bahnhöfe, durch die der Zug rollte, waren nur spärlich beleuchtet. In einem Waldstück kamen sie zum Halten. Voraus hörten sie Frauenstimmen.

Die fahren auch nach Brot, meinte Hans.

Ulla war in Sorge, wenn so viele ins gelobte Land führen, könnte es nicht genug Brot geben.

Drei Frauen kletterten in ihren Wagen. Mit sich trugen sie Säcke und Körbe voller Krimskrams.

Habt ihr gar nichts zum Tauschen? fragten sie die Kinder.

Wir haben bloß Hunger, antwortete Hans.

Die Frauen hatten in den verlassenen Dörfern zwischen Pregel und Memel Dinge eingesammelt, von denen sie glaubten, sie hätten noch einen Wert. Die wollten sie im Litauischen gegen Lebensmittel eintauschen. Ihr Ziel war die Stadt Kowno, in der vor dem Krieg viele reiche Juden gelebt hatten.

Die Frauen redeten viel über vergangene Zeiten, manchmal sangen sie. Nur wenn der Zug durch einen Bahnhof fuhr, verhielten sie sich still. Kurze Zeit schliefen sie auch.

Im Morgengrauen überquerte der Zug einen Fluss. Das geschah im Schneckentempo, als wollte er über dem Wasser anhalten.

Wir sind in Litauen, sagte eine der Frauen. Kommt mit uns nach Kowno, da gibt es genug zu essen.

Bis Kowno können wir nicht warten, sagte Hans.

Ulla und Hans fassten sich an den Händen und sprangen hinab auf den Schotter.

In Litauen sind noch alle satt geworden, hörten sie eine Frau rufen.

Sie standen auf dem Bahndamm und sahen den Zug davonfahren. Hinter ihnen lag eine Stadt, die Hans Sowjetsk nannte, den früheren deutschen Namen wusste er nicht.

Wir sehen aus wie die Schornsteinfeger! rief Ulla und lachte. Die Kohlenreste aus dem Wagen hatten Gesicht und Hände geschwärzt.

Sie rannten die Böschung hinunter zum Strom, knieten nieder, befreiten Gesicht und Hände vom Kohlenruß, liefen zu einer trockenen Uferstelle, wo schon grüne Gräser aus dem Deich gekrochen waren. Nachdem sie die Grashalme in den Mund gesteckt hatten, quälte sie der Hunger noch ärger.

Sie gingen stromabwärts mit den Eisschollen, die zum Meer trieben. Hans schwärmte davon, auf einer Eisscholle zu sitzen, die Angel auszuwerfen, einen großen Fisch zu fangen und auf offenem Feuer zu braten.

Nach einer halben Stunde, die Sonne war schon aufgegangen, trafen sie einen Fischer, der sich mühte, sein im Eis festgefrorenes Boot mit einer Axt freizuschlagen. Er blickte kurz auf und zeigte zu einem rauchenden Schornstein hinter der Uferböschung.

Geht nur hin, da ist es warm! rief er.

Sie fanden eine alte Frau, die in einem Zuber Wäsche rubbelte.

Wo kommt ihr her? fragte sie.

Aus Königsberg.

Die Frau schüttelte den Kopf. Uns hat man gesagt: Königsberg gibt es nicht mehr.

Doch, doch, es ist da, wenn auch voller Trümmer. Sogar einen Bahnhof gibt es.

Als die Frau die Wäsche ausgewrungen und auf die Leine gehängt hatte, ging sie mit ihnen ins Haus, wies ihnen einen Platz am offenen Feuer zu und gab jedem ein Stück trockenes Brot, dazu ein Glas Milch, das sie sich teilen mussten.

Wir waren auch mal Deutsche, sagte die Frau. Jetzt sind wir Litauer, und bald werden wir Russen sein.

Kaum hatten sie gegessen und getrunken, schliefen sie auf der Ofenbank ein und wachten erst auf, als der Fischer heimkehrte und an der Tür die Stiefel abtrat. Er brachte ein paar Fische mit, die er der Frau in die Schürze schüttete, kleine Tiere nur, die zu braten sich nicht lohnte. Die Frau setzte Wasser auf den Herd, schnitt den Fischen die Köpfe ab, nahm sie aus und warf die Fischleiber in die heiße Brühe.

Das gibt schöne Fischsuppe, sagte sie und lachte.

Sie richtete den Küchentisch für vier Personen her, stellte tiefe Teller aufs Holz, schob den Kochtopf, der mächtig dampfte, in die Mitte. Die beiden Alten beteten mit gefalteten Händen und geschlossenen Augen, die Kinder wussten nicht, was Beten bedeutete.

Ihr werdet es noch lernen, sagte die Frau. Wer betet, bekommt Brot.

Bevor sie die Teller füllte, fischte sie die Gräten aus der Suppe und warf sie der Katze vor die Tür. Zur Suppe gab es für jeden ein Stück Brot.

Wir hatten auch Kinder, sagte die Frau, während sie in der Suppe rührte.

Zwei große Jungs. Der eine ist für die Deutschen gefallen, der andere für die Russen. Manchmal fragen wir uns, wofür sie wirklich gefallen sind.

Das Eis geht noch stark, grummelte der Fischer. Ein paar Tage wird es dauern, bis ich mit dem Kahn auf den Fluss kann.

Ihr könnt nicht bleiben, sagte die Frau. Wir sind zu arm und zu alt, um noch einmal mit Kindern anzufangen. Hinter dem Wald liegt ein Dorf, dort leben Bauern, die von allem genug haben.

Sie zeigte aus dem Fenster in die Richtung, in die sie gehen sollten. Ein Stück Brot gab sie jedem mit, dann brachten die beiden Alten Ulla und Hans vor die Tür.

Ja, wir hatten auch Kinder, seufzte die Frau.

Hört ihr, wie das Eis bricht? rief der Fischer ihnen nach. Geht nicht zu nahe ans Wasser! Und lauft nicht über den Fluss!

Nach zwei Stunden erreichten sie einen Bauernhof am Rande eines Waldes. Eine Frau, der ein Arm fehlte, schickte Hans zum Holzhacken hinter das Haus. Ulla gab sie einen Besen mit der Aufforderung, Küche,

Stube und Schlafkammer auszufegen. Da ihr ein Arm fehle, könne sie das nicht so gut.

Nach getaner Arbeit bekamen sie reichlich zu essen und, weil es schon dunkel wurde, einen Schlafplatz im Heu des warmen Kuhstalls. In der Nacht, als ihn der Durst plagte, kroch Hans zu den Kühen, kniete nieder und lenkte den Milchstrahl aus dem Euter in seinen Mund.

Am Morgen bekamen sie einen Beutel Mehl und ein Stück Speck. Damit zogen sie weiter, klopften hier an eine Tür und dort, bekamen dieses und jenes, Essbares vor allem. Nur selten ließ ein Bauer den Hund von der Kette. Die meisten verlangten kleine Arbeiten und erinnerten an den alten Brauch, niemand solle etwas umsonst erhalten, weil ihn das beschämen könnte. Arbeit und Brot gehören zusammen. Einige wollten sie auf Dauer behalten als eigene Kinder oder für die Arbeit.

Wir müssen nach Königsberg, sagte Ulla. Ich habe da eine kranke Mutter und Hans eine blinde Großmutter.

Nachdem sie sieben Tage durch die Dörfer gezogen waren, hatten sie so viel bekommen, dass sie es bald nicht mehr tragen konnten. Sie traten den Heimweg an und waren in Sorge, unter die Räuber zu fallen. Es war besser, nur am Tag zu fahren. Auf dem Bahnhof von Sowjetsk trafen sie einen Güterzug, der Kohlen nach Königsberg bringen sollte. Sie kletterten hinauf, versteckten ihre Säcke unter Kohlenbergen und ließen sich über Land fahren. Es wurde eine lustige Reise. Wenn sie einen Menschen in der Feldmark erblickten, winkten sie ihm zu. Sie sangen auch Lieder.

Bevor der Zug den Königsberger Hauptbahnhof erreichte, warfen sie ihre Säcke die Böschung hinab und sprangen hinterher. Endlich zu Hause und immer noch satt. Sie schleppten ihre Habseligkeiten durch die Straßen und kauten unterwegs an einem Stück Rauchspeck. Zu Hause fanden sie niemand. Sie fragten diesen und jenen und erfuhren schließlich, dass vor zwei Tagen ein Transportzug nach Deutschland gegangen war. Die kranke Mutter und die alte Großmutter mussten mitfahren. Heim ins Reich, hatten sie gesagt. Ja, sie waren dahin gefahren, wo von Deutschland noch etwas übrig geblieben war.

Ulla und Hans liefen zur Kommandantur und fragten, wann für sie ein Transportzug nach Deutschland fährt.

Später, sagten die Herren Offiziere.

Um das Alleinsein besser ertragen zu können, zogen sie gemeinsam in die Stube, in der die kranke Mutter gelegen hatte. Nahrungsmittel hatten sie noch genug, und weil es auf die warme Jahreszeit zuging, brauchten sie auch nicht mehr zu frieren. Sie vertrauten auch auf die Gärten. Wenn die erst grünten und blühten, hätte die Not ein Ende.

Eines Tages erschienen Uniformierte und befahlen, sofort zum Hauptbahnhof zu gehen. Auch die Kinder sollten mit einem Zug nach Deutschland fahren, wo Mutter und Großmutter auf sie warteten.

Sie hatten genügend Zeit, sich auszudenken, was es für ein Zug sein würde, Personenwagen mit schönen Polstern oder Holzbrettern oder ein Kohlenzug wie der, mit dem sie nach Sowjetsk gefahren waren. Unzählige Menschen warteten auf den Zug nach Deutschland. Endlich rollten mehrere geschlossene Güterwagen in den Bahnhof, die mit Worten in deutscher Sprache beschrieben waren. Ulla buchstabierte den Namen Mannheim, wusste aber nicht, was es damit auf sich hatte.

Sie standen wie Schwester und Bruder nebeneinander auf dem Bahnsteig, während Ärzte die Reihen abgingen und durch die Kleidung in den Arm spritzten. Das sollte helfen gegen schlimme Krankheiten.

Die Güterwagen besaßen ein Dach, auf dem Boden lag Stroh. Ein Kanonenofen stand in der Ecke, dessen Rohr nach draußen führte, daneben ein Eimer für die Notdurft. Sie klammerten sich aneinander, um ja in den gleichen Wagen zu kommen. Wir gehören zusammen, sagten sie einem Posten, der Hans in den Männerwagen schicken wollte.

Bevor die Türen geschlossen wurden, gab es etwas Brot für die Reise. Zu trinken sollten sie sich unterwegs aus Flüssen und Seen holen, wenn der Zug hält, erklärte eine Krankenschwester.

Am 29. März im Jahre 48 setzte sich am späten Vormittag ein Güterzug voller Menschen in Bewegung, verließ die Stadt in südliche Richtung, erreichte um die Mittagszeit einen Ort namens Preußisch-Eylau, wo er auf eine Grenze traf, die es früher nicht gegeben hatte. Dort mussten sie die Wagen verlassen und sich von russischen und polnischen Grenzsoldaten zählen lassen. Danach stiegen sie wieder in den Wagen mit der deutschen Schrift „Mannheim", wo immer das liegen mochte.

Es gibt nichts Schöneres, als mit einem Zug über Land zu fahren. Züge bringen die Menschen in Gegenden, wo Brot in Hülle und Fülle wächst. Züge führen die zusammen, die getrennt wurden, sie wecken neue Hoffnungen und helfen zu überleben. Sieben Tage fuhren Ulla und Hans, bis der Zug auf einer Station mit dem Namen Anklam zum Halten kam. Als sie nach Mutter und Großmutter fragten, sagte man ihnen, sie seien noch nicht angekommen.

Frühling ohne Störche

Sie lebten allein am Waldrand, der Junge, die alte Frau und eine graue Katze. Übrig geblieben, sagte die Frau. Die anderen sind tot oder geflohen, wer weiß wohin.

Der Junge müsste zur Schule gehen, aber es gab keine Schule.

Sie werden wiederkommen, sagte die alte Frau. Dann fängt auch die Schule an. Wenn die Störche fliegen, fängt die Schule an. Warte nur bis zum Storchentag.

Der Junge lief zu den Dörfern, in denen keine Menschen lebten. Anfangs ängstigte es ihn, aber dann gewöhnte er sich an die Menschenleere. Er zählte die Storchennester auf den Dächern und stellte sich das Klappern und Flügelschlagen vor. Einige werden, wenn sie heimkehren, ihre Nester nicht finden, weil die Häuser niedergebrannt sind.

Meistens fängt der Storchentag im Morgengrauen an, sagte die Großmutter. Wenn die Kinder wach werden, stehen die Störche schon auf dem Dach und klappern.

Am Storchentag fällt die Schule aus, wusste der Junge.

Nein, sie fällt nicht aus, sagte die Frau. Alle Kinder gehen in die Schule, singen der Lehrerin ein Storchenlied vor. Danach dürfen sie nach Hause laufen und bekommen auch keine Schulaufgaben.

Diesmal wird die Schule doch ausfallen, dachte der Junge. Weil es das Schulhaus nicht mehr gibt.

Mir wäre es schon lieber, wenn statt der Störche die Menschen kämen, rief die Großmutter ihm nach, als er wieder einmal davonlief, um Storchennester zu zählen. Wenn du Menschen triffst, sag ihnen, am Waldrand sind noch zwei übrig geblieben und eine Katze.

Er besuchte abgelegene Bauernhöfe, von denen er wusste, dass niemand zu Hause war. In Küchen und Kellern fand er Nützliches, das die Bewohner zurückgelassen hatten, Schuhwichse und ein Stück Seife. Die Großmutter hatte ihm aufgetragen, auf Salz zu achten. Salz sei das Wichtigste.

Nachdem der Frost gewichen war, erschreckte ihn der Gestank, der aus Häusern, Ställen und Scheunen strömte. Er fand ein Pferd, von dem nur das braune Fell und ein paar Knochen übrig geblieben waren. In einem zusammengebrochenen Bett lag ein toter Mann, der die Kälte des Winters gut überstanden hatte, nun aber in der Frühlingssonne zu faulen begann.

Wir müssen ihn begraben, das ist christlicher Brauch, sagte die Großmutter.

Die Leiche aus dem zusammengebrochenen Bett in den Garten zu tragen, ging über ihre Kräfte. Deshalb warfen sie Säcke und Leinentücher über den Toten und ließen ihn da, wo sie ihn gefunden hatten.

Bald werden Menschen kommen und sich um ihn kümmern, sagte die Großmutter.

Der Monat März ging dem Ende zu, aber es kamen keine Störche.

Das liegt am Krieg, sagte die alte Frau. Die vielen Flugzeuge, die Bomben, das Rumgeschieße hat die Störche verstört. Bestimmt sind sie zu friedlicheren Gegenden gezogen. Manchmal ist der Storchentag auch später. Wenn es sehr kalt ist, bleiben die Störche länger in den südlichen Ländern.

Eines Tages, es muss ein Sonntag gewesen sein, sahen sie einen Storch, der in großer Höhe über dem Wald kreiste, als wolle er Ausschau halten. Die Groß-mutter winkte ihm mit der Schürze zu.

Er sieht uns nicht, jammerte sie. Störche lassen sich nur da nieder, wo Menschen sind. Er denkt, es ist keiner zu Hause.

Bald verschwand er hinter den Baumwipfeln und kam nicht wieder.

Sie warteten und warteten, aber es kamen keine Menschen, und es kamen keine Störche.

Bei seinen Streifzügen kam der Junge zu einem abseits gelegenen Gehöft, auf dessen Scheunendach er ein Storchennest entdeckt hatte. Hier nun fand er einen Storch, nicht auf dem Dachfirst stehend, nicht im Nest sitzend, sondern mit rostigen Nägeln ans Scheunentor geschlagen. Aus einem Loch im Bauch war Blut ausgetreten und hatte das Gefieder beschmutzt.

Schreiend rannte er nach Hause.

Die Großmutter faltete die Hände.

Wer schießt auf Störche? jammerte sie. Wenn es so ist, wird die Welt bald untergehen.

Sie packten das Wenige, das sie besaßen, und gingen querfeldein in eine Richtung, in der sie eine Stadt vermuteten.

Hier haben wir nichts mehr zu suchen, sagte sie.

Vergraben

Am Sommer lag es nicht. Er kam so warm und blühend daher, als wollte er sich zu guter Letzt und für immer verabschieden. Nie zuvor schmückten so viele Kornblumen das helle Gelb der Ährenfelder wie in jenem Sommer. Und wie der rote Mohn leuchtete! Was Früchte tragen konnte, trug es reichlich. Die Linden beugten sich unter der Last der Blüten. Selbst das Wasser blühte. Das Getreide kam ohne einen Regenschauer in die Scheunen. Auf den Stoppelfeldern hüteten Kinder die Weihnachtsgänse, und als die Pflüger die Stoppeln umbrachen, staubte die trockene Erde. Möwen kamen von wer weiß woher, um den Pflugscharen zu folgen. Auch der Herbst ließ sich noch freundlich an und gab Zeit genug, Kartoffeln und Rüben aus der Erde zu graben. Wenn es brannte, waren es nur die Kartoffelfeuer.

Aber dann zeigten sich Planwagen auf der Chaussee. Vorn zwei Pferde, hinten zwei Kühe, unter der Plane eine Frau, Kinder und alte Leute. Gemächlich zogen sie westwärts. Kein Grund zur Beunruhigung, sagten die, die es wissen mussten.

An einem Tag, als fern von Osten her ein Rumoren wie herbstliches Gewitter herüberwehte, kamen Uniformierte ins Dorf und sagten, es sei an der Zeit. Sie sollten nur das Nötigste auf ihre Wagen packen und für eine Weile davonfahren. Bald kämen alle wieder.

Also luden sie auf, was sie für das Nötigste hielten, Nahrung und Kleidung vor allem. Truhen und Anrichten mussten zurückbleiben, auch die Bettwäsche und das gute Geschirr. Wir kommen ja wieder.

Sie gruben Löcher in die Lilienbeete, gaben Weckgläser mit Bratenfleisch hinein, Flaschen voller Kirschsaft, geräucherte Mettwürste, in Zellophanpapier gewickelt. Auch Bilder kamen in die Erde, denn das wussten die Alten noch vom ersten Krieg: Nichts verabscheut ein fremder Soldat so sehr wie Bilder. Er zertrümmert das Glas und schießt allen, die ihn anblicken, die Augen aus. Schließlich wurde das gute Aussteuergeschirr in Holzkisten gegeben, fest vernagelt, um es einen Meter tief in Sicherheit zu bringen. Ob die Winterkleidung noch gebraucht wird?

Wir kommen bald wieder, hatte jemand versprochen. Dann wird das, was uns gehört, wieder ausgegraben; zum Weihnachtsfest wird das gute Geschirr auf der Tafel stehen.

Kaum waren sie fort, kam der Krieg. Der hielt sich nicht lange auf, brannte einige Häuser nieder, ließ neue Kuhlen ausheben und die Erdhügel mit Birkenkreuzen versehen. Um das Vergrabene kümmerte er sich nicht. Dann zog er weiter.

Eine Weile gab der Krieg Ruhe, aber mitten im Winter kehrte er wieder. Das Vergrabene fand er nicht, denn es war mit einer Schneeschicht bedeckt. Zu denen, die darauf warteten, nach Hause fahren zu dürfen, kamen wieder Uniformierte und sagten, sie sollten weiter westwärts fahren. Wenn der Krieg zu Ende ist, und er wird bald zu Ende sein, könnt ihr zurückkehren und alles, was euch gehört, aus der Erde graben.

Auf neue Erdhügel fiel neuer Schnee. Bald lag das ganze Land unter einem Leichentuch und niemand wusste mehr, wo die vergrabenen Schätze ruhten. Ja, im Frühling, wenn der Schnee schmilzt, wenn die ersten Blumen blühen, werden die Gräber sich zu erkennen geben.

Der Frühling kam und der Krieg ging zu Ende, aber niemand kehrte zurück. Viele hatten es nicht überlebt und vergessen, Pläne zu zeichnen und an sicheren Orten aufzubewahren, um künftigen Schatzsuchern den Weg zu zeigen. Sie glaubten, die Pläne im Kopf zu haben, aber das war nicht genug.

Ein halbes Jahrhundert ging vorüber. Da kam einer, der sagte zu den Leuten, die jetzt dort wohnten: Mein

Großvater hat hier einen Bauernhof gehabt und einiges in seinem Garten vergraben.

Die Frau, die dort mit ihren Kindern lebte, empfing ihn freundlich. Er solle sich nur umschauen in Großvaters Garten, sagte sie.

Zögernd setzte er einen Fuß vor den anderen, stolperte über verrosteten Zaundraht. Die Kinder folgten ihm. Als er die Bewegung des Grabens machte, holte das älteste Mädchen einen Spaten. Unschlüssig stand er im hohen Gras. Wo sollte er anfangen? Ein morscher Kruschkenbaum erinnerte an alte Zeiten.

Daneben trieb er den Spaten ins Erdreich. Die Kinder sahen zu. Auch die Frau kam und sagte etwas, das so klang, als wollte sie ihm helfen.

Ihm ging die Frage durch den Kopf: Wenn er nun Teller, Bestecke und Einmachgläser fände, wem gehörten sie? Der Frau, dem Großvater oder dem Ausgraber?

Er grub tiefer, fand aber nur nassen Sand. Hin und wieder einen Stein.

Als die Frau lächelnd den Kopf schüttelte, legte er den Spaten aus der Hand und wischte den Schweiß von der Stirn. Es wird alles in Scherben gefallen sein, dachte er. Damals, als die Welt in Scherben fiel.

Die Frau winkte ab. Sie lachte.

Da schaufelte er die Grube zu, wischte den Spaten ab und wollte nach Hause gehen. Aber sie rief ihn zurück. Nach der schweren Arbeit müsse er Hunger haben und Durst, er solle doch Platz nehmen an ihrem Tisch.

Friedhof
im Haff

Das Wasser schmeckte weder süß noch sauer. Es plätscherte an grünen Stränden, floss zurück, als wäre nichts gewesen. Ob man es trinken darf? Nur diejenigen, die von dem Friedhof wussten, brachten es nicht über sich, das Wasser zu trinken. Nicht einmal ein Bad in der Brandung gestatteten sie sich. Wer konnte nur in diesem lieblichen Gewässer einen Friedhof anlegen? Den Toten ist die Brandung keine angenehme Melodie.

In jenem Winter, der ein Dreivierteljahrhundert zurücklag und ein lauter Winter war, der das Eis bersten und wieder frieren ließ, ein Winter des Heulens und Zähneklapperns, kam es zu diesem Friedhof.

Unter dem weißen Tuch lässt sich gut ruhen, dachten wohl einige. Die Wellen schlagen die Uhrzeit. Vielleicht finden sich Leuchttürme, deren Licht bis zu den Toten dringt. Kein Mensch dachte daran, Kreuze im Meer zu versenken. Auch das Festland und der Sand der Nehrung hatten viel zu bekreuzigen. Aber es fehlten die Kreuze.

Wie viele mögen da unten liegen? Tausende fielen mit Pferd und Wagen ins Eiswasser. Sie klapperten noch eine Weile auf dem Grund, einen Wegweiser zurück ins Leben suchend. Zerbrochene Wagenräder sind mit grünen Algen bewachsen. Die Knochen bleichen immer noch. Fischschwärme überqueren die verbliebenen Reste, aber die Fischer haben es aufgegeben, ihre Netze auszuwerfen. Wer fischt schon auf einem Friedhof?

Die Vögel blieben dem Gewässer treu. Sie strichen über die Wellen, als suchten sie etwas und riefen klagend, als wären auch sie auf der Flucht. Ob sie die Hilferufe der Ertrinkenden, das Jammern der Kinder, das Schreien der Pferde im berstenden Eis gehört haben?

Am Ufer stehen Schilder, die das Baden verbieten. Es soll vorgekommen sein, dass ausgestreckte Hände die Badenden in die Tiefe gezogen haben. Wir wollen nicht allein sein! riefen sie.

Die Sammler haben es aufgegeben, Bernstein zu suchen, die Wellen spülten nur blutrote Stücke an den Strand.

Der Sand leuchtet weiß und unschuldig. Wie im Winter. Wer damals die Nehrung betrat, fasste neuen Mut. Wir fahren nach Deutschland! riefen sie und ahnten nicht, wie viele Flüsse, Meere und Friedhöfe noch vor ihnen lagen.

An hohen Feiertagen läuteten die Glocken des Doms zu Frauenburg. Ihr seid nicht vergessen! riefen sie. Hatten sie lange genug gerufen, stiegen die Seelen aus der Tiefe, schwebten wie Nebel über dem Wasser und zogen in andächtiger Prozession hinauf zum Gotteshaus. Diese Prozessionen nehmen kein Ende, denn die Toten werden nicht älter, sie bleiben ewig.

Das Grab
an der Nogat

Als der Krieg zu Ende ging, kamen sie in ein Massengrab. Wie Brüder und Schwestern nebeneinander, unter ihnen auch Kinder. Die Tausenden, die in den letzten Monaten des Krieges nahe der größten Burg des Ostens in die Erde geraten waren, fragten sich immer noch, warum ihnen das geschehen musste. Dreiundsechzig Jahre ruhten sie in dem Grab neben dem Nogatfluss.

Hört ihr das Wasser? flüsterten sie.

Wenn wir mit dem Fluss gegangen wären, lägen wir nicht in dieser finsteren Grube, sondern im Meer.

Wir glaubten uns sicher nahe der großen Burg. Weder Bomben noch Granaten konnten diesen Mauern etwas anhaben, aber Hunger und Seuchen krochen über die Schwelle und warfen uns in die Grube.

Warum hast du geschossen, Kamerad? fragte einer.

Weil es befohlen war.

Wer darf befehlen, auf Frauen und Kinder zu schießen?

Die Herren da oben, die immer noch leben und ihre Befehle schreien. Wenn sie sterben – und Gottseidank müssen auch sie sterben –, erhalten sie ein feierliches Begräbnis.

Hört nur, wie laut es dort oben ist. Ob sie schon wieder Krieg spielen?

Das sind die Bagger.

Wollen sie uns ausgraben und in ein neues Bett geben?

Die Herren, die damals die Befehle gaben, schicken heute die Bagger. Oder sind es schwere Panzer?

Sie graben und graben. Särge, die sie finden, stören sie nur.

Wenn sie uns finden, werden sie uns auf die Müllhalde werfen.

Oder sie geben uns in den Fluss, damit wir zum Meer kommen, wo wir schon damals hingehörten.

Welche Sprache gilt bei den Baggern? Was sagen die Stimmen?

Sie wollen ein Haus bauen. Wo unser Grab ist, soll es stehen, ein Haus für große Feste, in dem sie singen und tanzen können.

Wir Toten können nicht tanzen.

Wir sollten den Baggern entgegentreten. Die Toten haben die Mehrheit. Wenn sich die Toten des Krieges erheben und durch die Straßen marschieren, zittern die Steine. Und niemand wird tanzen.

Das Gestein beginnt zu bröckeln. Wasser tropft auf unsere Gebeine. Bald sind die Bagger über uns.

Hoffentlich ist kein Winter wie damals, als wir starben.

Wir sollten aufstehen zu einem Krieg der Toten gegen die Lebenden. Die Toten werden siegen, denn sie können nicht mehr sterben. Und sie haben die Mehrheit.

Plötzlich Stille. Die Bagger stellten die Arbeit ein.

Ob ein Wintereinbruch sie zum Schweigen gebracht hat? Als wir starben, war auch Winter, der letzte Winter, bevor der Krieg zu Ende ging.

Und sie fanden keinen besseren Ort, als uns in die Bombenlöcher zu werfen und zuzuscharren.

Fast ein Jahr gaben die Bagger Ruhe, dann begann wieder das Rumoren. Nun kamen Menschen, die die Gerippe und Schädel aufsammelten und auf Lastwagen warfen. Wie es polterte.

Wir fahren und fahren. Ob sie uns nach Russland bringen?

Nein, wir fahren zum Sonnenuntergang.

Wenn wir damals auch zum Sonnenuntergang gefahren wären, könnten wir noch leben. Aber wir glaubten uns sicher am Fuß der großen Burg.

Sie werden uns ins Meer schütten.

Oder auf einem Scheiterhaufen verbrennen.

Das große Haus wird gebaut, sie wollen singen und tanzen.

Nach einer Tagesreise hielten die Wagen. Sie kipp-
ten ihre Last auf eine Wiese. Dort wurden die Knochen
verteilt und flach mit Erde zugedeckt. Ringsherum
standen Kreuze. Es blühten auch Blumen.

*Am Ufer der Nogat, unweit der Marienburg, fanden
Bauarbeiter im Oktober 2008 bei Aushubarbeiten für
ein Hotel die Überreste menschlicher Körper, die dort in
den Monaten Januar bis März 1945 begraben worden
waren. Die Bauarbeiten wurden eingestellt. Im August
2009 kamen die über 2000 Toten von der Nogat zur
Kriegsgräberstätte Neumark bei Stettin.*

Unser täglich Brot

Plötzlich kam ein Hunger über das Land; von Osten her, und niemand wusste, wer ihn geschickt hatte. In den Gärten wuchsen Obst und Gemüse wie zu allen Zeiten, auf den Äckern blühten die Kartoffeln, in den Wäldern reiften die Beeren, Kühe grasten auf den Wiesen, Pferde zogen den Pflug. Trotzdem gab es diesen Hunger. Als der erste Schnee fiel, klopfte er an die Türen.

Die Zeitungen brachten Bilder von Lebensmittelläden mit leeren Regalen, davor Menschenschlangen, die auf etwas warteten, das kommen sollte. Kein Krieg hatte die Vorratshäuser niedergebrannt, keine Bomben hatten die Felder verwüstet, trotzdem gab es diesen Hunger. Windmühlen warteten auf Wind, Wassermühlen auf Wasser und die Läden auf Brot. Fromme Leute gingen in die Kirche, um „Unser täglich Brot gib uns heute" zu beten. Aber es fiel kein Brot vom Himmel.

Als Walter Dombrowski die Bilder im Fernsehen und in den Zeitungen sah, schnürte es ihm die Kehle zu. Vor fünfunddreißig Jahren war er aus dem Land geflohen, in dem jetzt der Hunger wütete. Nach Westen war er gefahren, hatte unweit des Meeres ein neues Haus gebaut und traf sich regelmäßig mit denen, die auch geflohen waren, aber noch Erinnerungen an das Märchenland ihrer Kindheit besaßen, ein Land mit Milch und Honig.

In der Heimatstube kamen sie einmal im Monat zusammen, tranken ihren Kaffee, aßen selbst gebackenen Bienenstich und sangen die alten Lieder.

Als die Zeitungen von den ersten Hungertoten in der Stadt Mragowo schrieben, von der alle wussten, dass es das geliebte Sensburg war, erhob sich Walter Dombrowski während der Kaffeestunde.

Ich kann es nicht mit ansehen, wie zu Hause die Menschen hungern, sagte er. Wir sollten unseren Überfluss, den wir in unseren Milchseen und Butterbergen haben, in Pakete packen und nach Hause schicken.

Der Hunger kommt vom Kommunismus, behauptete Malzat, der in der Gruppe das Wort führte. Statt den armen Leuten zu helfen, macht er alles kaputt.

Schon am nächsten Tag begannen sie, den Überfluss einzusammeln. Da es ihnen zu aufwendig erschien, die Pakete mit der Post zu versenden, sie auch keine Adressen wussten, an die sie sie richten konnten, kam Malzat auf die Idee, einen Lieferwagen anzumieten und damit nach Mragowo zu fahren. Er wollte am Steuer sitzen, Walter Dombrowski sollte ihn begleiten. Weil noch Platz war, packten sie zu den Lebensmittelpaketen auch Kleidung und Decken, denn wo Hunger herrscht, ist die Kälte nicht weit.

Malzat kannte einen Mann namens Gulwies, der bei Kriegsende aus Versehen in Sensburg geblieben war. Der betreute die wenigen Deutschen, die dort noch lebten. Ihm wollte er die Pakete übergeben und ihn bitten, sie gerecht zu verteilen.

Wir sammeln nur für Deutsche, entschied Malzat. Denen ist es schlecht genug ergangen in den kommunistischen Jahren, sie leiden mehr als die anderen. Um die anderen sollen sich die kümmern, die das Unglück angerichtet haben.

Hunger ist Hunger, dachte Dombrowski. Er fragt nicht nach deutsch, polnisch oder russisch.

Wie willst du sie auseinanderhalten? fragte er.

Das macht der Gulwies, der kennt sie alle, behauptete Malzat.

Als die Blätter fielen und die ersten Nachtfröste die Wiesen weiß färbten, brachen sie auf mit einem Lieferwagen voller Kleidung und Lebensmittelpaketen. Walter Dombrowski dachte, es werde wohl die letzte Gelegenheit sein, das Dorf und das Elternhaus vor dem Sterben wiederzusehen. Unterwegs redeten Malzat und Walter Dombrowski von den alten Zeiten.

Sie kamen zu einer Grenze, an der sie freundlich empfangen wurden. Die Zöllner wussten, was sie geladen hatten und schauten nicht so genau hin. In jenen Tagen fuhren viele kleine Lieferwagen nach Osten. Die Katholischen schickten Hilfspakete und die Evangelischen, in jeder Stadt entstanden Bürgerinitiativen mit dem Namen „Polenhilfe", das Rote Kreuz sammelte Spenden, ebenso die Gruppen alter Leute, die einmal im Monat zum Kaffeetrinken zusammenkamen und ihre alten Lieder sangen. Sie konnten es nicht ertragen, dass in ihrer alten Heimat Hunger herrschte. Wo einst die Flüchtlingswagen von Ost nach West gezogen waren, fuhren jetzt die Hilfstransporte über Oder und Weichsel von West nach Ost. Die Zöllner hätten wohl gern etwas von den Paketen genommen, wagten aber nicht, es anzusprechen, denn sie waren Amtspersonen in Uniform, die sich des Bettelns schämten. Dombrowski fragte einen, ob er Kinder habe. Als er bejahte, gab er ihm eine armlange Mettwurst, die der Zöllner schnell unter der Uniformjacke verschwinden ließ, bevor er eine gute Reise wünschte.

Wie konntest du einem polnischen Grenzsoldaten eine Mettwurst schenken! wunderte sich Malzat.

Weil er Kinder hat, antwortete Dombrowski.

Sie fuhren durch das Land, das den Namen Pommern getragen hatte und von dem Malzat behauptete, es werde in alle Ewigkeit Pommern heißen. Hinter Bütow zwang eine herabgelassene Bahnschranke sie zum Anhalten. Im Nu versammelte sich eine Kinderschar um das rote Auto. Die Kinder sagten nichts, aber Dombrowski meinte, aus ihren Augen zu lesen, was sie verlangten. Er stieg aus, öffnete die Heckklappe und gab jedem eine Packung Kekse. Dann kam der Zug, die Schranke flog hoch, und sie durften fahren.

Malzat blickte ihn vorwurfsvoll an.

Soll ich die Kinder fragen, ob sie deutsch oder polnisch sind? sagte Dombrowski.

Der Gulwies wird die richtigen Leute finden, erklärte Malzat.

Sie übernachteten in einem Danziger Vorort. Dombrowski quartierte sich in einer Pension ein, Malzat wollte sicherheitshalber im Auto schlafen.

Wenn die Leute wissen, was wir geladen haben, werden sie über unseren Lieferwagen herfallen. Du weißt doch, in Polen ist das Stehlen erfunden worden, sagte er.

Hunger und Stehlen sind Geschwister, antwortete Dombrowski.

Am nächsten Morgen hielten sie vor der Marienburg, einem so gewaltigen Bauwerk, dass Malzat die Tränen kamen.

Auch das hat der österreichische Gefreite verspielt, klagte er.

Mehr wusste er ihm nicht vorzuwerfen, als dass er Deutschland zerstückelt und die Marienburg verspielt hatte.

Walter Dombrowski machte den österreichischen Gefreiten auch für den Hunger verantwortlich. Ohne seinen Krieg wäre der Kommunismus nicht in diese Gegend gekommen, und ohne Kommunismus hätten die Menschen zu essen gehabt wie in alten Zeiten.

Der Anblick der mächtigen Burg gab Malzat starke Gedanken.

Eines Tages werden wir heimkehren, unser Land aufbauen, und niemand wird mehr hungern, verkündete er. Bis es dazu kommt, müssen wir unsere Brüder und Schwestern unterstützen, damit sie nicht den Mut verlieren.

Während Malzat an der Nogatböschung saß, eine Zigarette rauchte und das zerstückelte Deutschland beklagte, verteilte Dombrowski auf der anderen Straßenseite Kekse an polnische Kinder.

Bei der Weiterfahrt erlebten sie in der Realität, was die Zeitungen geschrieben hatten: Menschenschlangen vor den Geschäften, im Innern leere Regale. Nichts da … ausverkauft … morgen vielleicht.

Als das rote Auto mit westlichem Kennzeichen hielt, entstand eine Bewegung in der Schlange. Die Menschen winkten. Sie forderten Malzat und Dombrowski auf, an der Schlange vorbei in den Laden zu gehen. Dort bekämen sie für ihr gutes Geld alles, was sie begehrten.

An solchen Schweinereien wird der Kommunismus zugrunde gehen, behauptete Malzat. Er gibt dem Klassenfeind für gutes Geld, was er haben will, und lässt die eigenen Leute hungern. Was ist das für eine Religion?

Mragowo sagte das Ortsschild, aber Malzat sprach von Sensburg, wie er es in Kindertagen gelernt hatte. Er hielt auf dem Marktplatz, kramte die Adresse jenes Gulwies aus der Tasche und war zuversichtlich, der Mensch werde die Pakete gerecht verteilen.

Er ist ein Deutscher, sagte Malzat. Auf den kannst du dich verlassen.

Dombrowski bewachte das Auto, während Malzat durch die Straßen lief und nach jener Ulica fragte, in der Hendrik Gulwies leben sollte. Als er die Stelle gefunden hatte, fuhren sie mit dem roten Lieferwagen vor die Haustür, Malzat klopfte an die Fensterscheiben, aber niemand öffnete. Der Mann, der die Verteilung übernehmen sollte, war nicht zu Hause.

Es half nichts, sie mussten zu jenem Hotel oberhalb des Sees fahren, das Malzat von früheren Besuchen her kannte. Dort gab es einen von Hunden bewachten Parkplatz, auf dem sie ihr voll beladenes Auto abstellen konnten. Da sie mit Devisen zahlten, bekamen sie ein gutes Abendbrot, auch mehrere Gläschen Wodka für die Nacht. Vor dem Schlafengehen standen sie am

Fenster und schauten zum See und zur Stadt, die sie kannten, die ihre Stadt gewesen war.

Am Morgen fanden sie den Lieferwagen unversehrt auf dem von den Hunden bewachten Parkplatz. Dem Wächter gaben sie eine Dose Leberwurst. Danach fuhren sie in die Stadt, aber Hendrik Gulwies war immer noch nicht zu Hause.

Wohin mit den Paketen?

Walter Dombrowski erkundigte sich nach einem Altersheim. Dort fuhren sie vor und erklärten an der Rezeption, sie kämen aus Deutschland und hätten einige Lebensmittelpakete mitgebracht. Ob die alten Leute im Heim sie gebrauchen könnten? Schwestern und Pfleger halfen mit, die Pakete ins Haus zu tragen. Eine alte Frau stand, auf eine Krücke gestützt, vor der Tür, und als Dombrowski vorbeiging, griff sie seine Hand.

Im Krankenhaus, zwei Straßen weiter, legten sie die restlichen Pakete in die Vorhalle, auch hier mit Hilfe der Schwestern und Pfleger. Als sie wegfahren wollten, kam der Direktor angelaufen.

Dieser Akt der Menschlichkeit trägt mehr zur deutsch-polnischen Versöhnung bei als die großen Worte unserer Politiker, sagte er.

Er sagte es in Deutsch, sodass Malzat es auch verstehen konnte. Die beiden Männer reichten sich die Hand, und als Malzat im Auto saß, stellte er fest:

Es gibt auch anständige Polen, vielleicht ist er ein Deutscher.

Die Heimfahrt ging um einiges leichter. Hinter der Weichsel begann es zu schneien und hörte nicht auf bis zur Oder.

Wenn wir wieder mal mit Paketen nach Osten fahren, sollten wir nicht nach deutsch oder polnisch fragen, sagte Dombrowski, als sie den Grenzfluss überquerten.

Beim nächsten Mal wird der Gulwies da sein, erklärte Malzat. Und wenn nicht, bringen wir die Pakete dem Krankenhausdirektor. Er ist ein guter Mann, vielleicht sogar ein Deutscher.

Als sie in der Heimatstube zum Kaffeetrinken zusammentrafen, berichteten sie von ihrer Reise nach Sensburg. Malzat war es unangenehm zu bekennen, dass sie den Gulwies verfehlt hatten. Aber Walter Dombrowski erhob sich und sagte, sie hätten die Pakete zur Hälfte in einem Krankenhaus abgegeben und zur anderen Hälfte in einem Altersheim. Auch die polnischen Kinder, die an der Straße standen, hätten etwas abbekommen, denn wir sind alle bloß Menschen.

Im Land
der Pusteblumen

Warum willst du mit achtzig Jahren noch tausend Kilometer nach Osten fahren? wunderten sich die Kinder.

Wenn nicht jetzt, dann komm ich nie mehr nach Hause, antwortete der alte Mann. Der Krieg ist fünfzig Jahre zu Ende, aber ich bin immer noch nicht zu Hause gewesen.

Du kannst doch die Sprache nicht, sagten sie.

Wozu Sprache? Ich will mit keinem reden, will nur hören, riechen, fühlen und sehen, was übrig geblieben ist.

Du weißt nicht mal, ob dein Haus noch steht, ob es das Dorf gibt, ob die Birken an der Chaussee nach Baranowen, von denen du immer erzählt hast, noch da sind. Alles wird anders sein, als du es im Kopf hast. Du wirst enttäuscht sein.

Aber ich muss es noch einmal sehen, damit der Kopf wieder frei ist und ich in Ruhe sterben kann.

Er packte für die große Reise. Niemand sollte ihn aufhalten.

Die Kinder sorgten sich, ihm könnte etwas zustoßen. Er wird in das alte Haus poltern und sagen: Dies ist mein Haus!

Sie wussten alle, dass es nach fünfzig Jahren kein Mein und Dein mehr gab. Das Land gehörte sich selbst, war nur geliehen an die, die säten und ernteten. Aber viele Alte dachten noch anders. Sie sahen sich als rechtmäßige Besitzer der Höfe, Felder und Wälder, die sie einst verlassen hatten. Diesen Gedanken wollten sie mit ins Grab nehmen.

Als die Kinder ihm anboten, ihn zu begleiten, schüttelte er den Kopf. Das muss ich allein erledigen, sagte er.

Also fuhr er los an einem Sonntag vor Sonnenaufgang, nahm die gleiche Straße, die er damals von Ost nach West nicht gefahren, sondern gelaufen war. Er wollte sich auf die alten Wegweiser verlassen, auch die Kirchtürme würden ihm helfen, nach Hause zu finden.

Wer nach Hause fährt, muss mit den Alleen anfangen, hatte einer gesagt, der auch zum Abschied dort gewesen war und die Bäume kannte. Alleen haben viel zu sagen, meinte er. Sie sind älter als wir.

Als Kind hatte er Eicheln unter den Bäumen gesammelt; nun hingen die Äste wieder voller Eicheln, als wäre nichts gewesen. Aber keiner sammelte. Hinter der Biegung fehlte ein Baum. Ein Blitz wird ihn gefällt oder eine Granate ihn getroffen haben, damals, als die Gegend vom Krieg um und um gepflügt worden war. Die Bäume kamen ihm knorriger und härter vor, so gebieterisch streng, als machten sie ihm Vorwürfe, weil er so lange weggeblieben war. Sie säumten noch die Straßen, die weißen Birken von Baranowen, die ihn an junge Mädchen mit blonden Haaren erinnerten. Was habt ihr erlebt in den fünfzig Jahren? Die Linden mit ihren wohlgeformten Kronen, dem weichen Holz und dem Honigduft der Blüten waren schon immer seine Lieblingsbäume gewesen. Als er ankam, hing wieder ein Chor summender Bienen im Geäst. Wer ihn hören will, muss still sein, den Motor abschalten und auf leisen Sohlen um den Baum gehen. Marschtritte stören die Bienen bei ihrem Gesang.

Die Kopfweiden wollte er am Abend besuchen, wenn sie wie Gespenster aus dem Nebel ragen. Hat man ihnen inzwischen die Köpfe abgeschnitten? Ihm fielen die verkohlten Stämme nach einer Gewitternacht ein. Drei Tage räucherten die Weiden und riefen um Hilfe, aber es wollte kein Regen fallen.

Die Luft roch anders. Kein rauer Seewind beugte die Gräser, die Erde atmete gleichmäßig, ein Geruch von Kamille und Pfefferminze stieg aus den Gräben. In dieser Gegend hat der Wind es nicht eilig davonzufliehen, er bleibt über dem Land, als gehörte er dazu.

Immer noch liefen die Kinder barfuß. Er hätte sie

nach dem Namen fragen können, aber ihm fehlte die Sprache. Als er vorbeiging, lachten sie. Auch sie gehörten zu dem Land wie die Mohnblumen auf dem Hügel. Ein Mädchen pflückte eine Pusteblume und ließ die weißen Flocken über die Straße taumeln, einige verfingen sich in seinem grauen Haar.

Wohin zogen die Wolken? In seiner Kinderzeit kamen sie aus dem Westen und verloren sich im Osten. Immer noch hatten sie keine Eile, schwebten wie weiße Taschentücher im Ozean des Luftmeeres, an Kirchturmspitzen fanden sie Halt und ruhten aus.

Dzién dobry, sagte einer, der es wissen musste. Er stand am Straßenrand und rauchte eine Pfeife.

Bist du von hier? fragte er, aber der alte Mann konnte nicht antworten, weil er die Sprache nicht verstand.

Du kannst jederzeit zu uns kommen, sagte der mit der Pfeife. Du gehörst zu uns. Wenn dir diese Erde viel bedeutet, kannst du dich in ihr begraben lassen. Es ist gut, in seiner eigenen Erde begraben zu werden.

Die Kinder liefen den Schmetterlingen nach, dabei sangen sie Lieder.

Wie alt werden Störche? Doch nicht fünfzig Jahre. Drei Jungstörche übten das Fliegen. Auch ihr dürft wiederkommen, ihr gehört zu dem Land wie die Pusteblumen der Kinder. Im Januar 45 waren die Störche nicht zu Hause.

Ein Grabkreuz hatte der Rost zerfressen und ins Unkraut geworfen. An wen sollte es erinnern?

Kümmelkraut am Straßenrand. Damals brachte er die Blüten der Mutter, die sie trocknete und in die Suppe krümelte. Jetzt legte er einen Kümmelstrauß ins Auto. Unterwegs werden die Pflanzen trocknen, danach wird er die Körner in irgendeinen Tee bröseln. Wie wäre es mit Kümmelschnaps? Am Pfefferminzkraut, das immer noch am selben Hang wuchs, konnte er nicht vorübergehen, der Duft verfolgte ihn auf der Dorfstraße, daneben leuchtete Weiße Kamille. Ein Wunder, dass nach so vielen Verwüstungen wieder Blumen blühten.

Auch Blumen kommen immer wieder, sagte der Mann mit der Pfeife. Es gibt sogar Trümmerblumen.

Die Schilfränder waren in die Breite gewuchert, die Schwäne weiß geblieben. Als Kind klang ihm das Wu-wu-wu der im Tiefflug kreisenden Schwäne wie Orgelmusik; danach kamen die Flieger mit ihrem Wu-wu-wu und machten alles kaputt.

Der See gehörte immer noch den Wildenten, die im wabernden Nebel quakten. Wie ein im Wasser versunkenes Feuerhorn rief der Unk seine monotonen Klagen in den Abend. Fische sprangen.

Wohin fließen die Bäche? Sie suchen immer noch das Meer, und das Meer sucht ein weiteres Meer, und so geht es fort und fort. Damals holte er, schweigend, versteht sich, am Ostermorgen Wasser aus dem Bach und benetzte damit die Gesichter. Ans Osterwasser muss der Mensch glauben, sonst hilft es nicht.

Die Kinder sangen ein Lied, das er nicht verstand.

Ob die Sonne sich verändert hatte in den Jahren? Auch sie war älter geworden, sah nicht mehr rund aus, sondern kroch am Morgen wie ein glühender Pfannkuchen aus den Wäldern, verbrannte etliche Baumspitzen und färbte die Wolken. Wenn sie aufging, begann die Arbeit, Erntewagen klapperten, Sensenblätter kreischten über funkensprühenden Schleifsteinen. Auf den Feldern sangen die Binderinnen das Lied von den fünf weißen Schwänen, ein Lied zum Augenauswischen.

Die Kühe standen im flachen Wasser und brüllten. Es klang anders als in jenem Winter, als das Vieh auf dem Schneeacker stand und nicht wusste, wohin.

Vor einem unbestellten Acker nahm er Platz auf einem grauen Findling. Vor ihm blaue und rote Blüten. Früher nannten sie es Unkraut, nun war daraus ein Garten mit Mohn- und Kornblumen geworden. In der Schule hatten sie ein Gedicht gelernt, in dem Kornblumen, Mohn und Raden vom lieben Gott gemacht wurden.

Als er sich ins Gras legte, sah er nur Himmel, umrahmt von weißen Sommerwolken und roten und blauen Blütenköpfen. Hier könnte er schlafen, bis der

Winter kommt. Neben ihm eine verspätete Pusteblume. Er pflückte sie, hielt den Stängel in den Wind
und sah zu, wie die Flocken sich lösten, über Bäche
und Wiesen trieben, sich in Baumkronen verhedder-
ten, an Kirchtürmen stießen. Sind wir nicht alle Pusteblumen? Der Ostwind hat uns zum Meer getragen,
einige über das Meer geweht, um Wurzeln zu schlagen
an fremden Ufern.

Das Haus stand noch. Er sah ausgetrocknete Bret-
ter, die nach Farbe schrien. Im Garten empfing ihn ein
Blütenmeer.

Eine offene Tür. Auf der Schwelle wärmte sich eine
Katze. Eine Frau im grauen Kleid mit einem weißen
Tuch auf dem Kopf trat ans Gatter.

Dzień dobry, sagte auch sie. Du bist hier zu Hause,
ich sehe es dir an.

Der alte Mann verstand nicht.

Mit Gesten lud sie ihn ein, das Haus zu betreten. Als
er den Türrahmen berührte, erschrak er.

Ich will nichts wiederhaben, murmelte er. Ich will
es nur einmal noch sehen.

Um den Tisch saßen Kinder und blickten ihn erwartungsvoll an. Die Frau drängte ihn zum Ehrenplatz
am Kopfende, dann brachte sie eine Suppenterrine.

Proszę, sagte sie.

Es roch nach Fisch.

Er hätte ihr gern erklärt, dass drüben in der

Kammer sein Kinderbett gestanden hatte, aber er konnte die Sprache nicht.

Die Frau öffnete die Kammertür und zeigte ins Innere. Immer noch gehörte der Raum den Kindern.

Sie betete laut, die Kinder falteten die Hände.

Proszę, sagte sie wieder und meinte den Löffel, den Teller und die Suppe.

Nach dem Essen bedankte er sich, warf einen Blick in die Kammer, bevor er in den Garten ging.

Du kannst wiederkommen, sagte die Frau. Auch die Kinder sagten es, nur verstand er es nicht.

Neben seinem Auto spielten Kinder. Der Mann mit der Pfeife hütete eine Ziege am Straßenrand.

Ich will nichts wiederhaben, sagte er ihm. Ich wollte es nur einmal noch sehen, bevor ich sterbe.

Masuren gehört dem lieben Gott, sagte der Mann mit der Pfeife. Wir sind nur seine Gäste.

Er ruhte aus am Straßenrand, wer weiß wie viele Stunden. Danach machte er sich auf die Heimreise, fuhr den gleichen Weg, den er damals gelaufen war, den Weg zum Sonnenuntergang. Diesmal ohne Eile.

Hast du dein Haus gefunden? fragten die Kinder.

Es ist alles noch da.

Und was hast du mitgebracht?

Nur vertrocknetes Kümmelkraut, einen Strauß Pfefferminze und eine Pusteblume.

November in
Dresden

Armin Grewe besaß keine Hoffnung, jemals die Stadt seiner Kindheit wiederzusehen. Nicht in diesem Leben, pflegte er zu sagen, wenn ihn jemand darauf ansprach. Gelegentlich fuhr er mit dem Rad am Strom ostwärts, bis die Grenze Einhalt gebot. Dort setzte er sich an die Böschung und starrte in das ruhig fließende Wasser, das vor wenigen Tagen in seiner Stadt gewesen war. Wie lange braucht ein Wassertropfen von der Dimitroff-Brücke zum Hamburger Hafen? Auf den Gedanken, Flüsse umzuleiten, damit sie ihr Wasser nicht ins norddeutsche Tiefland des Klassenfeindes spülen, sind sie noch nicht gekommen.

Verblasst war die Erinnerung an die Menschen, die er zurückgelassen hatte. Seine Eltern waren gestorben vor fünfzehn Jahren, Armin Grewe erfuhr es Wochen später. An eine Reise des einzigen Sohnes zum Begräbnis war nicht zu denken. Versuchen Sie es gar nicht, rieten ihm die, die sich auskannten. Republikflüchtige dürfen nie mehr zurück, auch nicht zu Beerdigungen.

Was mag aus Marianne Bender geworden sein? fragte er sich manchmal. Sie wird einen Funktionär geheiratet haben. Mit ihren Kindern fährt sie ans Schwarze Meer, Jahr für Jahr ans Schwarze Meer. Zuletzt hatten sie sich in Danzig getroffen, als die aus dem Westen und die aus dem Osten noch gemeinsam nach Polen reisen und dort Wiedervereinigung feiern durften. Jemand wird es bemerkt und denen gemeldet haben, die alles wissen wollten. Als er ein Besuchsvisum beantragte, um sie auf dem Alexanderplatz zu treffen, erhielt er einen Anruf: Lassen Sie es lieber. Es ist für Sie nicht gut und auch nicht gut für Marianne Bender.

Briefe an sie kamen zurück. Ihre Assistentenstelle an der großen Hochschule wird sie nach der Begegnung in Danzig verloren haben. Jetzt fährt sie mit den Kindern ans Schwarze Meer und verschwendet keinen Gedanken an Armin Grewe. Also lassen wir es lieber.

Er bereute nicht, an Land gesprungen zu sein. Als er die Lichter der Stadt Lauenburg oben am Hang erblickte und in der Ferne den hellen Himmel über Hamburg, war es über ihn gekommen. Genau in der Sekunde, als der Schleppkahn und die Schleusenmauer auf gleicher Höhe lagen, sprang er. Ohne an die Eltern zu denken, die auf seine Heimkehr warteten, auch nicht an Marianne Bender. Er war einfach in eine andere Welt gesprungen.

Danach dümpelte die Zeit zwanzig Jahre vor sich hin. Die Bilder verblassten: die Stadt, die Eltern und Marianne Bender. Er reiste für ein großes Unternehmen, kam gelegentlich nahe genug an der sonderbaren Grenze vorbei, die er damals überwunden hatte. Wenn der Zug die Nord-Süd-Strecke fuhr und die Stelle erreichte, an der die Reisenden die Grenze mit allem, was dazu gehörte, entfernt zwar, aber deutlich erkennbar, ausmachen konnten, dachte er an seine Jugendjahre.

Im Mai versandte das Unternehmen, für das er reiste, einen Rundbrief, in dem die Feier des 100-jährigen Jubiläums im November angekündigt wurde. Für den Außendienst war ein Besuch der Elbmetropole geplant, Zwinger und Semperoper eingeschlossen. Schließlich sei das Unternehmen zu Kaisers Zeiten in Dresden gegründet worden.

Da wird nichts draus, sagte Armin Grewe zu seinem Abteilungsleiter. Ich bin Republikflüchtling, mich lassen die nicht mehr einreisen.

Nachdem der Abteilungsleiter herausgefunden hatte, es gehe heute nicht mehr so streng an der Grenze zu, bei Gruppenreisen gebe es Ausnahmen, setzten sie ihn auf die Liste. Danach dümpelte die Zeit nicht mehr gemächlich dahin, sondern flutete hastig mit dem Wasser des großen Stromes. Als im September die Visumslisten kamen, stand Armin Grewe wie selbstverständlich auf dem Papier, als wäre nichts gewesen. In Ungarn schnitten sie den Grenzzaun in Stücke, der Zeit stockte der Atem, in Prag ging auf einem Balkon das Licht an.

Nun, da feststand, dass er reisen durfte, erwachten die alten Bilder. Ob Marianne Bender noch in Dresden lebte? Auf welchem Friedhof lagen die Eltern begraben? Er rechnete damit, dass die Herren sich geirrt hatten. An der Grenze werden sie den Irrtum bemerken, ihn aus dem Bus holen und zurückschicken. Aber bevor das geschehen konnte, kam der 9. November.

Ende November fuhr die Gruppe per Bus nach Westberlin. Die erste Nacht verbrachten sie in einem Westberliner Hotel. Vor dem Schlafengehen spazierte Armin Grewe mit Kollegen über die Grenze, so als wäre es nichts. Am Alexanderplatz blieb er stehen und erklärte, wie er sich hier mit Marianne Bender habe treffen wollen, aber eine unbekannte Stimme davon abgeraten habe. Nicht gut für Sie und nicht gut für Marianne Bender! Also lassen wir das.

Käme sie ihm auf der Straße entgegen, würde er sie nicht erkennen; zwanzig Jahre verändern jedes Gesicht. Nur die alten Bilder blieben. Er sah schwarzes Haar, Grübchen auf den Wangen und eine Stupsnase.

Von Schlaf konnte keine Rede sein. Am Sonntagmorgen war er der Erste am Bus, der die Gruppe in den Südosten der Republik bringen sollte. Eine

Begleiterin von Intourist erzählte Heiteres. Kein Wort von Planerfüllung und Aufbauleistungen, nur Witze, in denen auch die Genossen vorkamen. Man durfte wieder lachen.

Als sie Berlin verließen, setzte Schneetreiben ein, der Bus hatte seine Mühe. Am frühen Nachmittag, als sie die Stadt im Flusstal erblickten, war der Schnee geschmolzen.

Da vorn ist die Dimitroff-Brücke, erklärte die Dame von Intourist. August der Starke war ein Freund der Frauen. Manchmal postierte er sich mit seinen Dienern an der Brücke, und wenn die schönen Dresdnerinnen vorüberspazierten, sagte er: Die mit roff ..., die mit roff ... So bekam die Brücke ihren Namen.

Es dämmerte schon, als sie im Hotel Bellevue am Ufer des Stromes einkehrten. Einlass nur für westliche Besucher, es galt die harte Währung. Vor der Tür flatterten Fahnen, aber nicht das Rot des Ostens, sondern blaue Tücher mit dem Unternehmensemblem zur Feier des hundertjährigen Geburtstages.

Gleich neben dem Hotel steht das Haus der deutsch-sowjetischen Freundschaft, erklärte Intourist.

Also sind wir gut bewacht, sagte einer aus der Reisegruppe, und die Dame von Intourist lachte.

Meine Eltern sind in Loschwitz begraben, sprach Grewe sie an. Ob ich wohl privat ihre Gräber besuchen darf?

Natürlich, Sie können besuchen, wen Sie wollen.

Im Foyer hielt der Vorstandsvorsitzende eine Begrüßungsrede.

Nach dem Abendessen besuchen wir die Semperoper, erklärte er. Morgen gehen wir in den Zwinger, und am Abend absolvieren wir eine Weinprobe. Die sächsischen Weine sind vorzüglich.

Es bewegte ihn mehr, als er gedacht hatte. Im Dunkeln stand Armin Grewe am Fenster, sah den Strom davonziehen nach Hamburg und Cuxhaven. Ihm gegenüber das erleuchtete Haus der Semperoper, daneben der Turm der Hofkirche, die Frauenkirche, die er als Kind besucht hatte, gab es nicht mehr. Auf der Brücke versammelte sich eine Menschengruppe. Männer standen herum, rauchten Zigaretten und lachten, als wäre es eine Maiennacht und nicht trüber November. Hell erleuchtet das Haus der deutsch-sowjetischen Freundschaft. Was gab es da zu lachen?

Als die Stadt brannte, war er sieben Jahre alt. In Loschwitz spürten sie wenig von dem Riesenfeuer, hörten nur die Bombeneinschläge und sahen die Rauchschwaden die Elbe heraufziehen. Tage später fuhr er mit der Mutter in die Stadt, mitten hinein in die Verwüstung.

Das haben die Engländer und Amerikaner angerichtet, sagten seine Eltern.

Sie sagten es auch später immer wieder, als er von

den Annehmlichkeiten des Westens schwärmte: Du willst zu denen, die diese Stadt so zugerichtet haben? Bleib bei uns und hilf mit, das Land aufzubauen.

Er blieb und blieb, bis es zu spät war, bis eine Mauer die Wege versperrte, Stacheldraht die Wälder teilte und nur noch das Wasser ungehindert von Ost nach West fließen durfte. Der Sprung vom schwankenden Kahn war die letzte Gelegenheit.

Die Semperoper gab „Fidelio". Dunkler Anzug erwünscht. Allein für diesen Opernbesuch hatte Grewe das gute Stück mitgenommen. Den kurzen Weg vom Hotel zur Oper legte die Gruppe zu Fuß zurück. Noch immer standen Männer auf der Brücke, rauchten und lachten wie an einem Maienabend. Von der Brühlschen Terrasse her strömten die Besucher zu „Fidelio", die Damen in langen Kleidern, die Herren in dunklen Anzügen. Die Gruppe aus dem Bellevue unterschied sich in nichts von den anderen Besuchern, bis auf die Kleinigkeit, dass sie die Plätze in den ersten Reihen bekamen. Dafür sorgte die harte Währung.

Hinter dem Vorhang stimmte das Orchester die Instrumente. Eine Frau erschien auf der Bühne, um zu sagen, diese Inszenierung sei ein Geschenk zum 40. Jahrestag der DDR. Dabei lächelte sie.

Die Ouvertüre in E-Dur kraftvoll und schnell. Der Vorhang flog zur Seite. Erstes Bild: Staatsgefängnis in

Sevilla. Ach, welch ein ferner Ort, bestimmt an die zweitausend Kilometer hinter der Grenze. Und noch ferner die Zeit.

Was hatten sie sich dabei gedacht, dieses Stück, das in den Kellern eines Gefängnisses spielte, zum Ehrentag der Republik aufzuführen? Hinter Grewe bekam eine Frau einen Hustenanfall, verließ ihren Platz und erschien nicht wieder. Bis zur Pause verlief das Stück in gewohnter Ordnung. Sie standen zusammen und plauderten über Beethoven. Um die Zeit zu überbrücken, spendierte der Vorstandsvorsitzende ein Glas Rotkäppchen-Sekt.

Die DDR ist vierzig, und wir sind hundert. Das sollen die erst mal schaffen. Prosit.

Er erklärte, wie ein Unternehmen, das 1889 in Dresden gegründet worden war, zwei Weltkriege, die Zerstörung der Stadt, die große Inflation der Zwanzigerjahre, eine Weltwirtschaftskrise und die Währungsreform 1948 überleben konnte. Die DDR brauchte das Unternehmen nicht zu überleben, seit 1947 hatte es seinen Sitz in Hannover.

Zweites Bild: freier Platz vor dem Gefängnis. Nein, die Bühne zeigte keinen freien Platz. Im Gegenteil. Wachtürme, Stacheldraht und ein Stück Mauer verunzierten das Bild.

Bald kommt die Stasi, um die Kulissen einzureißen, flüsterte der Kollege, der neben Armin Grewe saß.

173

Ob Beethoven daran gedacht hat?

Welch eine dezente Anspielung auf das DDR-Regime, sagte der Vorstandsvorsitzende.

Dezent? dachte Grewe. Das war eine Anspielung mit dem Vorschlaghammer.

Plötzlich hing der Chor der Gefangenen im Stacheldraht, und vom Wachturm herab fielen tiefe Bassstimmen. Dann Totenstille, als hätte es allen die Sprache verschlagen.

Die Türen sprangen auf. Keine Polizisten drangen ins Innere, sondern nur ein kühler Wind, der vom Strom heraufwehte.

Die Besucher erhoben sich wie zum Gebet. Anfangs ein zurückhaltender Applaus, als schämten sie sich über das, was sie gesehen hatten. Dann schwoll es an, wurde zu einem Orkan, der an den Bühnenaufbauten rüttelte.

Grewe blickte sich um und sah nur Gesichter voller Tränen, Ost und West weinten gemeinsam. Die Sänger des Chors räumten Mauerreste und Stacheldraht zur Seite, traten an den Bühnenrand und streckten ihre Hände den Zuschauern entgegen.

Diese Fidelio-Inszenierung wird als Signal des Aufbruchs in die Kulturgeschichte eingehen, sagte eine Stimme hinter Grewe.

Auf dem Platz vor der Oper standen die Menschen noch lange und sprachen über die Denkwürdigkeit, die sie erlebt hatten. Einige Kollegen schlugen vor, auf ein Bier in eine Altstadtkneipe zu gehen, aber Armin Grewe wollte allein sein.

Morgen besuchen wir den Zwinger. Anschließend fahren wir nach Pillnitz und zur Moritzburg, und abends ist Weinprobe.

Das war die Stimme des Vorstandsvorsitzenden, die sich im Dunkel verlor.

Grewe schlenderte die Terrassen entlang, verfolgt von Melodien, die er gehört hatte. Ein Nachtschwärmer sprach ihn an. Als er merkte, dass Grewe aus dem Westen kam, sagte er: Entschuldigung, ich wollte nicht stören. Grüßen Sie den Vater Rhein!

Auf der Brücke hörte er, es kam wohl aus den geöffneten Fenstern des Hauses der deutsch-sowjetischen Freundschaft, Beethovens Hymne an die Freude.

Auf den Ausflug nach Pillnitz verzichtete Grewe, weil er die Gräber seiner Eltern suchen wollte. Er fand sie nicht. Auch sein Elternhaus gab es nicht mehr, es war einfach davongeweht vom Wind der Zeit. Am späten Nachmittag, als die anderen noch die Moritzburg besichtigten, kehrte er in die Stadt zurück mit der Vision, Marianne Bender zu treffen. Sie wird über die Brücke kommen und ihm zuwinken, dachte er. Auf der Brücke traf er aber nur Männer, die so aussahen, als kämen sie gerade von der Schicht in einem Stahlwerk. Sie standen in Gruppen zu drei oder vier, schauten über die Brüstung, als wäre im Strom ein Unglück geschehen. Auch auf dem Platz zwischen Hofkirche und Semperoper sah er Menschengruppen stehen. Als ein Polizeiauto vorbeifuhr, zerstreuten sie sich, kamen aber wie von einem Magneten angezogen nach kurzer Zeit wieder zusammen.

Er blätterte im Telefonbuch. Eine Marianne Bender kam darin vor, war aber nicht seine Marianne. Gewiss hatte sie einen anderen Namen und hielt sich am Schwarzen Meer auf.

Weinprobe war angesagt. Er zog den feinen Anzug an, den er gestern in der Oper getragen hatte. Vorher ging er noch einmal zur Brücke. Die Männer schauten ihn an, als wüssten sie Bescheid. Ihre Gespräche verstummten. Vor den Terrassen traf er einen mit einer Fahne im Arm, noch zusammengerollt, aber deutlich erkennbar die Farben schwarz-rot-gold.

Soll das eine Demonstration werden? fragte Grewe.

Der Mann lachte. Wir Dresdner spazieren gern durch unsere Stadt, neuerdings jeden Montagabend.

In den Kellerräumen des Bellevue eröffnete der Vorstandsvorsitzende die Weinprobe mit einer launigen Ansprache, in der er die Qualität sächsischer Weine pries.

Einige von uns sind noch nicht vom Stadtbummel

zurück, sagte er. Wenn sie eintreffen, haben wir die besten Weine getrunken.

Zur Verkostung kam ein 1988 Burgscheidunger Herrenberg von Saale und Unstrut. Herb und würzig.

Auf ihn verzichtete Armin Grewe wegen eines ausgedehnten Stadtbummels. Auf dem Platz vor der Hofkirche standen Hunderte. Das Stimmengewirr verstummte, als eine Einzelstimme über die Köpfe hinweg schrie. Armin Grewe verstand kein Wort, sah nur ein weißes Laken, schwarz bemalt mit den Worten: „Deutschland einig Vaterland".

Der Mann neben ihm entrollte seine Fahne. Sie leuchtete schwarz-rot-gold, hatte aber in der Mitte ein rundes Loch.

Hammer und Zirkel habe ich rausgeschnitten, sagte er lachend. Die brauchen wir nicht mehr.

Grewe wollte sich entfernen, wollte zurück über die Brücke, um endlich an der Probe der sächsischen Weine teilzunehmen. Aber der Menschenstrom nahm ihn mit.

Du gehörst zu uns, sagte einer, der beide Hände in der Hosentasche hatte und auf einer Stummelpfeife kaute.

Armin Grewe starrte durch das kreisrunde Loch in der Fahne zum Nachthimmel. Dann sah er, wie der Mann zur Brüstung ging und den herausgeschnittenen Stofffetzen mit Hammer und Zirkel in den Fluss taumeln ließ. Übermorgen werden die Möwen ihn bei Cuxhaven aus dem Strom fischen.

Wir kommen nun zu den lieblichen Sorten, sagte der Weinschenk im Bellevue. Sachsen hat auch süße Weine.

Der Vorstandsvorsitzende wies darauf hin, dass jeder ein paar Flaschen erwerben könne, gegen D-Mark versteht sich.

Während sie die lieblichen Sorten probierten, strömte die Menge über die Brücke.

Komm mit! sagte der Mann mit dem Loch in der Fahne.

Bundesland Sachsen, las er auf einem Pappschild am Ende des Zuges.

Im Haus der deutsch-sowjetischen Freundschaft leuchteten alle Fenster. Die Bedienung winkte den Männern auf der Brücke zu, Grewe kam es vor, als klatschten einige.

Hinter der Brücke wollte er sich entfernen, aber der Mann mit dem Loch in der Fahne sagte: Komm mit, wir besuchen die Stasi.

Der Zug bog rechts ab. Es sind schon tausend, dachte Grewe. Und es werden immer mehr. Wie gemütlich es zuging. Sie marschierten nicht, sie sangen nicht; der Menschenzug glich einer Beerdigungsprozession. Wer wurde hier zu Grabe getragen?

Das große Gebäude vor ihnen fiel plötzlich in Dunkelheit, als wären alle Sicherungen durchgebrannt.

Die Stasi geht schlafen, sagte der Mann neben ihm und lachte.

An Schlafen war nicht zu denken, dafür war es zu laut. „Wir sind das Volk!", riefen sie vorn. Der Ruf setzte sich fort, und als er das Ende des Zuges erreicht hatte, waren sie immer noch ein Volk.

Du gehörst zu uns, sagte der Mann mit dem Loch in der Fahne.

Ob sie im verdunkelten Stasihauptquartier das Rufen hörten? Fühlten auch sie sich diesem Volk zugehörig?

Nun wurde es feierlich. Eine Trompete spielte den Zapfenstreich, und Hunderte kleiner Glühlämpchen bewegten sich auf das Eingangstor des Stasigebäudes zu. Einige knieten nieder, stellten brennende Kerzen auf den Boden. Es sah aus, als breite sich ein Flammenmeer vor der mächtigen Tür aus.

Der Trompeter spielte „Ade nun zur guten Nacht". Alle lachten.

Wer sollte hier schlafen gehen?

Eine Stimmung wie Weihnachten, dachte Grewe. Wenn sie durch die Gucklöcher der Tür die brennenden Kerzen sehen, werden sie Feueralarm auslösen. Vielleicht schütten sie einen Eimer Wasser auf die Flammen, oder sie stellen einen Ventilator an, der das Feuer ausbläst. Verstöße gegen die öffentliche Ordnung waren es allemal.

Adventskerzen vor der Polizeizentrale, dachte Grewe. Eine solche Revolution hat es noch nie gegeben.

Es waren hauptsächlich Frauen, die sich mit den Kerzen abgaben. Natürlich, das Entzünden von Lichtern in der Adventszeit ist Frauensache, dachte Grewe. Als sie sich von den brennenden Kerzen entfernten, winkten die Frauen denen zu, die hinter den Fenstervorhängen dem Treiben zuschauten. „Es geht alles vorüber …", spielte der Trompeter.

Grewe sprach die Frauen an. Sie kamen aus einer Textilfabrik und waren nach Feierabend in diesen Menschenauflauf geraten.

Wir können die Männer nicht allein lassen, die machen nur Unsinn, sagte eine der Frauen, die anderen lachten.

Keine kannte eine Marianne Bender.

Gemeinsam zogen sie über die Friedensbrücke zur Altstadt. Grewe ließ sich ans Ende des Zuges zurückfallen, wo die gingen, die schlecht zu Fuß waren. Einer, der auf Krücken ging, tippte ihm auf die Schulter.

Weißt du was, Kamerad? Jetzt ist der Zweite Weltkrieg endgültig zu Ende.

Vorn dröhnte eine Lautsprecherstimme, es meldete sich einer zu Wort, der etwas zu sagen hatte. Er hörte nur die Antwort der Menge: „Wir sind das Volk!"

Im Weinkeller kam ein Naumburger Sonneneck von 1986 zur Verkostung. Der war ihm auch entgangen.

Armin Grewe kehrte um. Das Stasihaus fand er hell erleuchtet, die Kerzen vor der Tür erloschen. Ob die Herren auf Knien gelegen und die Kerzen ausgepustet haben? fragte er sich.

Es gab keinen Wein mehr. Grewe ließ sich eine Flasche Bier aufs Zimmer bringen, trat auf den Balkon und blickte zum Strom, der teilnahmslos nach Norden floss. Die Brücke menschenleer, der Platz vor dem Schloss verlassen, das Opernhaus im Dunkeln.

Beim gemeinsamen Frühstück bedauerte der Vorstandsvorsitzende diejenigen, die die Weinprobe versäumt hatten. Sie hätten die einmalige Gelegenheit verpasst, die herrlichen sächsischen Weine zu kosten.

Grewe dachte an den Mantel der Geschichte, der in der Nacht vorübergezogen war. Der Herr Vorstandsvorsitzende hatte es versäumt, ihn zu berühren.

In Ungarn gibt es keine Bäume

Als der Schnee zu Wasser schmolz, in kleinen Rinnsalen die Berge hinabfloss, sich in Bächen vereinigte und schließlich dort in den Sund stürzte, wo die Flöße darauf warteten, in die Papiermühle von Powell River geschleppt zu werden, brachte der Postbus, der einmal wöchentlich vorbeikam, drei junge Männer ins Camp. In einem Holzfällercamp gehen immer einige, weil sie die Buscheinsamkeit nicht ertragen können, und andere kommen, weil sie *broke* sind und Dollars verdienen müssen. Die drei Neuen waren anders. Der Vorarbeiter nannte sie feine Bürschchen aus der Stadt, die noch nie eine Axt in der Hand gehalten hatten. Vielleicht waren es Studenten, die die Waldarbeit studieren wollten.

In den ersten Tagen hatten sie große Mühe am Berg. Ihn hinaufzuklettern, um zu den Maschinen zu kommen, die das Holz ins Tal zogen, fiel allen Neuen schwer, den feinen Studenten besonders.

Daran gewöhnt ihr euch, sagte der Vorarbeiter der Skiddercrew.

Weil es noch kühl war in den Bergen, brannten die Feuer den ganzen Tag. Die jungen Leute saßen gern am Feuer und unterhielten sich in einer Sprache, die niemand verstand. Ab und zu fielen deutsche und englische Brocken.

Wo kommt ihr her? fragte der Vorarbeiter.

Aus Ungarn, sagte der große Blonde mit den kurzgeschnittenen Haaren.

Soviel ich weiß, gibt es bei euch guten Wein, meinte der Vorarbeiter und lachte.

Ja, der Tokaier lässt sich trinken, antwortete der große Blonde.

Einen wilden Zigeunertanz habt ihr auch.

Wenn du den Csardas meinst, der ist gut.

Warum habt ihr das wunderbare Land, in dem die Menschen Wein trinken und Csardas tanzen, verlassen und seid in den kanadischen Busch gekommen? wollte der Vorarbeiter wissen.

In Ungarn gibt es keine Bäume mehr, antwortete der große Blonde.

Warum braucht ihr Bäume, wenn ihr Wein habt? meinte der Vorarbeiter.

Wir sind Studenten einer ungarischen Forstschule. Aber wir können nicht Forstwirtschaft studieren, weil es keine Bäume gibt.

Ihr seid nicht zum Arbeiten in den Busch gekommen, sondern um die Bäume zu studieren?

Wir sind Flüchtlinge, bemerkte der große Blonde.

Hattet ihr nie Bäume? fragte der Vorarbeiter.

Unsere Eltern erzählten uns von großen Wäldern, die vor dem Krieg in unserem Land gewachsen sind. Nun sind alle verschwunden.

Wie können in zwölf Jahren alle Bäume verschwinden? wunderte sich der Vorarbeiter. Hat es ein großes Feuer gegeben?

Kein Feuer, nur diesen gewaltigen Sturm, der von Osten wehte und die Bäume brach.

Die jungen Leute redeten in ihrer Sprache hin und her, wie das Verschwinden der Bäume zu erklären sei. Dem Vorarbeiter sagte der große Blonde auf Englisch, dass es mit dem Tokaier auch nicht mehr weit her sei und zum Csardas ein Instrument aufspiele, das als Stalin-Orgel weltberühmt geworden sei. Am schlimmsten aber sei die Geschichte mit den Bäumen.

Habt ihr Krieg gehabt? fragte der Vorarbeiter.

Wer aus Europa kommt, hat Krieg genug gehabt, antwortete der große Blonde. Und nach dem Krieg wuchsen keine Bäume mehr.

Werdet ihr zurückfahren in euer Land? wollte der Vorarbeiter wissen.

Nur wenn dort wieder Bäume wachsen.

Das kann lange dauern, meinte der Vorarbeiter. Bleibt bei uns, hier gibt es Bäume genug. Für jeden, den wir fällen, wachsen zwei neue nach.

Der große Blonde steckte sich eine Zigarette an und blies den Rauch gegen den Stamm einer Zeder.

Wir warten auf einen Sturm aus Westen, der allen Unrat aus unserem Land weht, sagte er. Wenn Ungarn frei ist, werden auch wieder Bäume wachsen.

Der Vorarbeiter schüttelte den Kopf. Ihr seid schon merkwürdige Vögel, meinte er. Reist um die halbe Welt, nur um Bäume zu studieren.

Fischen
im toten
Meer

Es war ihm gut gegangen an die dreißig Jahre. Die See
gab genug her alle Tage, nur im Winter hatte Jodi die
Fische in Ruhe gelassen, es schwamm auch zu viel Eis
in der Bucht. Die Mühe, den Kahn ins Wasser zu geben und wieder auf den Sand zu ziehen, war im Winter gar zu groß. Bis jener Winter kam, der ihm arg zu-
setzte, ein Winter, den Jodi nicht loswerden konnte.

Es trug sich zu in dem Jahr, als der Krieg zu Ende
ging. Die Fischerei ruhte wie immer, sein Kahn stand
aufgebockt in einem Holzschuppen, Netze und Angel-
schnüre hingen von der Decke und warteten auf den
Frühling. Täglich besuchte er den Kahn, um zu sehen,
ob er schon dieses oder jenes machen und vorbereiten
könnte für den ersten Fischzug. Bei guter Sicht spazierte er am Strand entlang in der Hoffnung, ein Stück
Bernstein, eingefroren im Eis, zu finden. In der Gegend, in der Jodi lebte, gab es nämlich die Merkwür-
digkeit, dass die Fischer auf den Dorsch und den Bernstein gingen. Auch im Winter brauchte er nicht zu

hungern. Wenn ihm der Sinn danach stand, ging er zu den Eisbarrieren am Strand, warf eine Angel ins bewegte Wasser und wartete auf den Fischzug des Herrn, auf den alle Fischer seit zweitausend Jahren warten. Oft kam er mit leeren Händen nach Hause, weil auch die Fische im Winter ihre Ruhe haben wollten, aber es genügte ihm, da gewesen zu sein und mit den Fischen gesprochen zu haben.

In den letzten Tagen des Monats Januar, als der Krieg schon, von Osten kommend, sich hören ließ und straßauf, straßab die Fluchtwagen klapperten, machte Jodi sich wieder einmal auf den Weg zum Strand. Die Möwen, so fand er, verhielten sich sonderbar. An einer bestimmten Stelle kreischten sie wie unsinnig, stürzten ins Wasser, stiegen wieder auf, fielen hinab, als treibe dort ein Stück Aas in der Brandung. Auch die Luft schmeckte eigenartig. Vom Festland wehte der Wind Schnee über die Dünen, und weiter im Südosten grollte es wie Wintergewitter.

Gut eingepackt gegen die Kälte, versorgt mit einem Fläschchen, etwas Brot und Speck, kletterte er über das Eisfeld bis zum offenen Wasser. Dort warf Jodi die Angel aus, setzte sich auf ein mitgebrachtes Bund Stroh und bewunderte den Himmel, der vom Tag zur Nacht wechseln wollte und dessen Sterne genug Licht gaben, um die Steilküste, den Wasserturm und die Schornsteine des Bernsteinwerks zu beleuchten. Das Meer blieb stumm, die Fische gaben kein Lebenszeichen von sich, nur das Eis knirschte, wenn das Wasser an ihm arbeitete.

Die Möwen haben eine gute Zeit, dachte Jodi. So ein Krieg verschafft ihnen allerlei Nahrung. Hier spült etwas an den Strand und dort. Und alle, die untergehen, machen den Fischen eine gute Mahlzeit.

Jodi war zuversichtlich, im Februar, der den Frühling ahnen ließ, den Kahn aus dem Schuppen holen und hinausfahren zu können. Bernstein oder Fisch waren ihm einerlei, nur irgendetwas musste ins Netz gehen.

Einmal ruckte es an der Angel, aber es war nur ein Eisbrocken, der die Schnur in die Tiefe gedrückt hatte.

Über dem Bernsteinwerk sah er Leuchtkugeln, die einen schönen Bogen machten und auf dem Eis landeten. An der Steilküste bellten Hunde. Männerstimmen riefen Befehle. Er erhob sich, um nach dem Rechten zu sehen, hörte schlurfende Geräusche, die sich näherten. Füße quälten sich durch Sand und Schnee. Ein Schuss fiel, und bald ein zweiter.

Nun ist der Krieg angekommen, dachte Jodi. Er hielt es für besser, hinter den Eisklötzen zu bleiben und abzuwarten, wie es ausgeht.

Die da am Strand liefen, waren Frauen. Er hörte es an ihren Stimmen. Dazu gab es auch Männerstimmen, die Befehle erteilten.

Bald hörte er keine Stimmen mehr, denn ein Maschinengewehr begann mit der Arbeit. Das war der Augenblick, als alle Möwen davonflogen.

Einige Kugeln schlugen neben ihm ins Eis und sprangen als Querschläger ins Wasser. Hunde bellten. Zu seiner Rechten, gar nicht weit entfernt, vernahm er ein Wimmern und Stöhnen. Leuchtkugeln malten schöne Lichter, so hell, dass er die Menschenherde, die am Strand lief, als wollte sie sich ins Meer stürzen, deutlich erkennen konnte. Einige fielen, umklammerten Eisbrocken, kamen zum Vorschein und rannten weiter.

Jodi spürte, wie es an seiner Angel riss, aber er wagte nicht, sein Versteck zu verlassen und den Fisch aus dem Wasser zu ziehen.

Sie werden auch auf dich schießen, dachte er und beschloss, in seinem Versteck zu bleiben. Auch die Frauen durften ihn nicht entdecken. Sie würden sich auf ihn stürzen und alles noch schlimmer machen.

Er sah eine Frau, die die Eiskante erreichte, dort einbrach und versank. Da ist nichts zu machen, dachte er. Morgen werden die Möwenschwärme kommen.

Noch immer schossen sie über das Eisfeld nach hier und nach da.

Was haben sie verbrochen, dass ihnen so etwas zustoßen muss? fragte sich Jodi. Ein Gott, der das zulässt, muss sehr fern sein.

Der Lärm verzog sich in südliche Richtung, dort brannten auch Feuer. Jodi wartete, bis es völlig still war. Dann trank er den Rest aus seiner Flasche, wohl etwas zu viel, denn er taumelte und hatte Mühe, die auf dem Eis liegenden Gestalten zu umgehen. Er fürchtete, von ihnen angesprochen zu werden. Sie könnten ihn bitten, dieses und jenes für sie zu tun. Aber alle, die er traf, schwiegen.

Lange nach Mitternacht erreichte er sein Haus. Er wollte die Nachbarn befragen, aber niemand öffnete ihm die Tür. Sie haben den Lärm verschlafen, dachte Jodi. Sie wollten nichts sehen und nichts hören.

Das Tor zum Bernsteinwerk fand er sperrangelweit offen, aber auch dort fand er keinen Menschen, der ihm Rede und Antwort geben konnte.

An Schlaf war nicht zu denken. Es könnten einige auf den Eisschollen liegen und leben, dachte Jodi. Die müsste man holen.

Am Morgen wollte er hinuntergehen und nach dem Rechten schauen.

Kaum wurde es hell, ging er zu den Möwen, die an den Kleidungsstücken zerrten, die am Strand liegengeblieben waren. Auch Krähen hatten sich eingefunden. Nur die Leichen waren verschwunden.

Wenn sie alle Toten ins Wasser geworfen haben, ist das Meer bis zum Ende aller Tage vergiftet, dachte Jodi.

Er traf einige, die am Strand spazieren gingen und über das Wetter redeten. Es wird bald Frühling werden, sagten sie und weiter nichts.

Er machte sich an seinem Kahn zu schaffen, gab dem Holz etwas Farbe, ölte die Scharniere und befreite die Ketten vom Rost. Wie er warteten alle Fischer auf den Frühling, ein elend langes Warten. Die von Sorgenau sagten, der Frühling sei anders als sonst. Auch die von Dirschkeim konnten sich nicht erinnern, jemals einen solchen Frühling mit Pestgestank und Unrat im Meer erlebt zu haben. Statt der Fische gingen ihnen Leichen ins Netz. Sie starrten die Fischer an und stellten sonderbare Fragen.

Seebestattung vor Usedom

Um zehn Uhr ging Piontek hinunter, um das Boot aufzuklaren. Er trug nicht die alte Manchesterhose, sondern schwarzen Cord, ein weißes Hemd, darüber eine schwarze Jacke.

Wenn du mit einer Urne fährst, muss es etwas feierlicher aussehen, dachte er.

In letzter Zeit fuhr er häufiger. Aus ganz Deutschland kamen sie nach Usedom, um Urnen im Meer zu versenken.

Piontek steckte seine Pfeife an, hängte den Kopf über die Bordwand und sah dem Wasser nach.

Wie viele werden kommen? Bei Seebestattungen ist der Andrang nie groß. Einmal war er mit einer einzigen Person und der Urne hinausgefahren.

Die Bucht war eisfrei bis Swinemünde, was im März keine Selbstverständlichkeit ist. Vom Festland wehte ein warmer Wind, der Schnee war längst geschmolzen, die weißen Dünen hatten die Farbe Grau angenommen.

Um elf Uhr dreißig kamen zwei durch den Sand gestapft, zwei Männer. Der eine groß und jugendlich, der andere untersetzt und etwas älter. Der Große trug einen schwarzen Mantel, der bis zu den Schuhen reichte, auf dem Kopf einen Zylinder, die Hände verbarg er in schwarzen Handschuhen. Alles an diesem Menschen war schwarz. Er trug ein Päckchen, Piontek vermutete darin die Urne, die dem Meer übergeben werden sollte. Der Kleinere war grau gekleidet, nur ein schwarzer Schal und ein schwarzer Hut erinnerten an den traurigen Anlass.

Ohne ein Wort zu sagen, stiegen sie in die Barkasse. Für zwölf Personen hatte Piontek Sitzplätze geschaffen und eine Kanne mit Kaffee bereitgestellt, auch für zwölf Personen.

Mehr kommen nicht? fragte er.

Der Kleine schüttelte den Kopf, nahm das Päckchen an sich und ließ es nicht mehr los.

Piontek startete den Motor.

Wohin fahren wir?

Der mit dem Päckchen zeigte in südöstliche Richtung zur Bucht hin.

Darüber wunderte sich Piontek, denn die meisten wollten sofort auf die offene See fahren zu dem bestimmten Areal, das für Seebestattungen vorgesehen war und von Fischern und Wassersportlern gemieden werden musste.

Herr Bessel möchte nach Swinemünde, sagte der junge Mann.

Piontek fuhr an den Seebädern vorbei. Noch gab es kein Strandleben, nur Spaziergänger mit Hunden irrten durch den Sand, und Möwen beherrschten die ruhige See.

Die beiden Männer standen am Heck und starrten ins quirlende Kielwasser. Als Piontek den Motor drosselte, blickte sich der große Mann um.

Geht es nicht weiter?

Wir können die Urne nicht nahe am Ufer versenken, und im Hafen von Swinemünde geht es gar nicht, antwortete Piontek. Außerdem kommen wir gleich an die polnische Grenze.

Der Große kam zu Piontek.

Es ist wichtig, dass wir einmal in den Hafen von Swinemünde fahren, sagte er. Danach steuern Sie aufs offene Wasser zu der Stelle, an der wir die Urne beisetzen können.

Sind Sie der Bestatter? fragte Piontek.

Ja, der bin ich, und Herr Bessel ist der Sohn des Toten, dessen Asche wir ins Meer geben wollen.

Der hatte inzwischen das Päckchen geöffnet und die Urne neben sich auf den Boden gestellt. Weil sie so unansehnlich grau aussah, schmückte er sie mit weißen Blumen.

Also ins Hafengebiet.

Der kleine Mann breitete eine Karte aus, die die Überschrift trug: Stadt Swinemünde mit Hafen.

Bitte den Motor ausschalten! rief er.

Obwohl der Motor keinen Lärm mehr von sich gab, war es laut genug. Kräne quietschten, von der Uferstraße her hörten sie die Geräusche des Straßenverkehrs, Wellen klatschten gegen die Hafenwand.

Der Große steckte sich eine Zigarette an und stippte die Asche über Bord. Den Kaffee, den Piontek ihm anbot, schlug er aus.

Drüben am Bollwerk lag das Schifffahrtsamt, sagte Bessel. An dieser Stelle kreuzte eine Fähre den Swinefluss.

Er starrte ins Wasser, das zur See hinaustrieb.

Wie spät ist es? fragte Bessel.

Zwölf Uhr fünfzehn.

Um die Zeit fing es an und dauerte eine Stunde, sagte Bessel.

Nach fünf Minuten startete Piontek den Motor. Die Barkasse glitt aus dem Hafen an den auf Reede liegenden Schiffen vorbei zur offenen See.

Bessel blickte zum Himmel, wo die Sonne sich mühte, eine Wolkenwand zu durchbrechen. Der Große trank Kaffee.

Als die Küstenstreifen fern genug waren, stoppte Piontek das Boot.

Hier geht es, sagte er.

Er hängte die Urne an einen Flaschenzug, den er backbords über das Wasser schwenkte.

Bessel nahm den Hut ab, zum Vorschein kam weißes Haar, das der Wind zauste.

Wünschen Sie Musik? fragte Piontek.

Das Klatschen der Wellen und das Geschrei der Möwen war ihnen Musik genug. Es wären nun feierliche Worte zu sprechen oder Gebete zu murmeln, aber niemand sagte etwas.

Die Urne berührte das Wasser.

Piontek schlug dreimal die Schiffsglocke. Danach fuhr er im Kreis und gab den Männern Gelegenheit, die Blumen ins Wasser zu werfen.

Die Urne löst sich bald auf, sagte Piontek. Dann ist alles vorbei. Nur die Blumen dümpeln noch einige Zeit im Wasser.

Es ist genug, sagte der kleine Mann. Piontek zeigte auf die Kaffeekanne, aber er wollte nicht trinken.

Also gut, Piontek fuhr. Als er das Schiff vertäut hatte, half er den Männern beim Aussteigen.

Wie kommt es, dass Sie aus Hamburg mit einer Urne zur Seebestattung nach Usedom fahren? fragte er. Sie haben doch in Travemünde und Neustadt auch Seebestattung.

Es gab hier schon einmal eine Seebestattung, direkt im Hafen von Swinemünde, antwortete Bessel. Sagt Ihnen der Name „Andros" etwas?

Piontek schüttelte den Kopf.

So hieß das Schiff, das in Swinemünde unterging, heute vor siebzig Jahren.

Da war ja noch Krieg, staunte Piontek.

Kurz bevor der Krieg zu Ende ging, sind in Swinemünde dreizehn Schiffe versenkt worden. Die „Andros" legte um elf Uhr an, um zwölf Uhr begann der Angriff, um dreizehn Uhr waren fünfhundert Passagiere tot, darunter die Familie meines Vaters. Sie kam aus Königsberg, hatte in Pillau eines der letzten Flüchtlingsschiffe erreicht und glaubte sich in Swinemünde in Sicherheit, bis die Bomber kamen. Von den sieben Familienmitgliedern überlebte nur mein Vater. Er war damals acht Jahre alt.

Wie lange fährt man von Masuren nach Deutschland?

Ich heiße Trude Sallach und gehöre zu jenem Glauben, den der russische Zar, es mag zweihundert Jahre her sein, über die Grenze nach Preußen schickte, wo die Philipponen in einer Gegend siedelten, die masurische Wildnis genannt wurde.

Bis zum dreißigsten Geburtstag lebte ich in einem Dorf nahe dem lieblichen Krutinnafluss. Mit mir im kleinen Haus am Wasser wohnten meine alte Mutter und zwei von mir geborene Kinder, der Gerhard und die Lisa. Mein Mann Fritz Sallach diente bei den Soldaten. Bis zum Sommer des traurigen Jahres 45 hofften wir, er werde zu uns heimkehren. Dann schwand die Hoffnung Jahr um Jahr.

Über den Russeneinfall im Januar will ich kein Wort verlieren. Es ging uns so, wie es allen ging, vor allem den Frauen. Das sollen die erzählen, denen es nicht die Röte ins Gesicht treibt. Ich möchte nur für meine Kinder aufschreiben, wie es gekommen ist, dass ich, die ich nie weiter als bis zur Kreisstadt unterwegs gewesen war, eine Reise nach Deutschland antreten musste, um in einem Dorf auf der Dithmarscher Geest ein Zuhause zu finden.

In jenem schlimmen Winter, als die anderen flüchteten, blieb ich zu Hause. Womit hätte ich mich auf den Weg machen sollen? Ich besaß weder Pferd noch Wagen, und zu Fuß wollte ich mit den Kindern nicht durch den Schnee wandern. Meine Mutter wollte auch lieber zu Hause bleiben. Wir haben nichts Böses getan, also wird uns auch nichts Böses geschehen, sagte sie. Als im Jahre 14 der Krieg kam, sind wir auch nicht geflüchtet, und alles ist gut gegangen.

So blieben wir mit ein paar anderen Deutschen in unserem Dorf und erlebten die Russenzeit. Danach kamen polnische Menschen, die sich die verlassenen Bauernhöfe nahmen.

Ihr müsst nach Deutschland, sagten sie uns. Dieses Land gehört euch nicht mehr.

Im Herbst machte der polnische Bürgermeister, der sich dort einquartiert hatte, wo der deutsche Bürgermeister zu Hause gewesen war, einen Anschlag an die Straßenbäume: Wer nach Deutschland reisen will, soll sich bei ihm melden!

Ich ging zum Amt nach Ukta und hörte von einem Güterwagenzug, der noch vor Weihnachten abgehen sollte. Sie redeten von Brandenburg, Berlin und Frankfurt am Oderstrom.

In so großen Städten können wir nicht leben, sagte meine Mutter. Wir gehören aufs Land.

Weil ich mich fürchtete vor einer Winterreise mit den Kindern, weil auch genügend Ofenholz im Schuppen lag, trug ich mich nicht in die Liste ein. Vielleicht für den nächsten Zug im Sommer, sagte ich dem Bürgermeister. Und meine Mutter meinte: Bin ich in Masuren geboren, will ich auch in Masuren sterben.

Ich musste auch an meinen Mann denken. Wie würde ihm zumute sein, wenn er aus Gefangenschaft kommt, an unsere Tür klopft und erfährt, dass Frau und Kinder nach Deutschland gefahren sind? Auf meine Schwester wartete ich auch. Die hatten sie im März 45 mit vielen anderen Frauen in einen Güterwagen gesteckt und nach Russland verschickt mit dem Versprechen, sie zurückzubringen, sobald die Arbeit, für die sie in Russland gebraucht wurde, getan war. Das konnte dauern. In Russland, so hieß es, nahm die Arbeit kein Ende.

Zwei Wochen vor dem Christfest stand ich an der Straße und winkte denen zu, die sich, mit Taschen und Säcken bepackt, auf den Weg zum Sensburger Bahnhof machten. Als ich sie im Schneegestöber verschwinden sah, dachte ich, den besseren Teil gewählt zu haben. Wir blieben am warmen Ofen in unserem alten Haus, feierten mit der Mutter und den Kindern das heilige Fest, während die anderen sich durch den Winter plagten.

Vier Monate später tat es mir schon leid, nicht mit-
gefahren zu sein. Mein Mann war immer noch nicht
heimgekehrt, die Schwester arbeitete weiter in Russland, und aus einem Flecken mit dem sonderbaren
Namen Visselhövede erhielt ich einen Brief von meiner Nachbarin, die im Dezember aufgebrochen war.
Sie sei gesund angekommen, schrieb sie. Das Leben in
Visselhövede sei zu ertragen.

In unser Dorf zogen nun mehr und mehr polnische
Familien. Meine Kinder konnten mit den Polen-
kindern nicht spielen, weil sie verschiedene Sprachen
redeten. Ihr gehört gar nicht hierher, sagten sie.

Dann starb meine Mutter. Ich begrub sie an der
Stelle, die sie an ihrem Hochzeitstag bestimmt hatte.
Dort lag auch unser Vater begraben. Nach dem Be-
gräbnis ging ich zum Bürgermeister und fragte, wann
wieder ein Transport nach Deutschland gehe. Er
wusste es nicht, wollte mich aber auf eine Liste setzen.
Vielleicht nach der Erntezeit, sagte er. Oder kurz vor
Weihnachten.

Woche um Woche verging. Ich packte, was ich mitnehmen wollte. Den Kindern erzählte ich von einer
großen Reise mit der Eisenbahn, erzählte es so, dass sie
sich darauf freuen konnten. Ende August lief das Ge-
rücht durch das Dorf: Ein Transport wird nach
Deutschland gehen. Wir versammelten uns in Ukta an
der Brücke. Polnische Bauern, die Pferde besaßen,

stellten uns Fuhrwerke, so fuhren die letzten Deutschen bei schönstem Wetter nach Sensburg. Dort schickten sie uns in eine Turnhalle, in der ein ziemliches Gedränge herrschte. Aus vielen masurischen Dörfern waren Menschen gekommen, die nach Deutschland fahren wollten. Nach einigen Stunden wurden die Namen verlesen. Da ergab es sich, dass ich mit den Kindern nicht auf der Liste stand. Wie sehr ich auch bettelte, es half nichts, nur die von der Liste durften fahren. Wir blieben noch zwei Tage in der Turnhalle, hofften auf weitere Transporte. Aber sie schickten uns zurück in unser Dorf.

Nun waren wir die letzten Deutschen. Jede Woche ging ich zum Bürgermeister, um nach einem Transport zu fragen. Er setzte mich auf seine Listen und befahl mir zu warten. Bis in den Herbst sollte ich warten, vielleicht sogar bis Weihnachten.

Tag für Tag zog ich mit den Kindern zum Ährensammeln über die Stoppelfelder. Im Herbst brachten wir Kartoffeln und Rüben nach Hause und Äpfel aus den verlassenen Gärten.

Ende Oktober half ich einem polnischen Bauern beim Dreschen, trug das leere Stroh von der Dreschmaschine in die Scheune und verwahrte es für den Winter. Während der Arbeit, es ging auf Mittag zu, kam ein Junge aus Ukta angelaufen.

Morgen geht der letzte Transport! rief er.

Ich ließ alles stehen und liegen, rannte nach Hause, um zu packen für die letzte Reise.

Vor Sonnenaufgang stand ich mit den Kindern am Sammelplatz in Ukta. Wieder kam ein Pferdewagen, der uns nach Sensburg brachte. Wieder kampierten wir in der Turnhalle, bis ein Aufruf kam, zum Bahnhof zu gehen.

Da stand er, der Güterzug nach Deutschland, auf einem Nebengleis, sechs Wagen in einer Reihe. Davor warteten die Letzten, die von Masuren nach Deutschland reisen wollten. Wer jetzt nicht fährt, kommt nie mehr nach Deutschland, sagten sie.

Bevor wir einsteigen durften, durchsuchten sie unsere Kleider, auch die der Kinder. Wer Zlotys hatte, musste sie abgeben, auch Schmuckstücke und Sparkassenbücher durften nicht nach Deutschland reisen. Danach bekam jeder eine Schüssel Rübensuppe, die gut schmeckte und kalt war. Wir waren an die vierzig, hauptsächlich Frauen und Kinder, in einem Wagen. Einige legten sich gleich auf das Stroh, um zu schlafen, wollten nichts mehr sehen und hören und erst in Deutschland wieder aufwachen. Ein Kanonenofen stand in der Ecke des Wagens. Als wir den Wachmann nach Feuerholz fragten, sprach er von den Wäldern, in denen wir es sammeln sollten. Vierzig Personen in einem Wagen wärmen sich gegenseitig, meinte er und lachte.

Durch die halb geöffnete Tür sahen wir die Landschaft davonfliegen, kamen an menschenleeren Dörfern vorbei und durchquerten Städte, in denen elek-
trisches Licht brannte. Unser Gesang übertönte das
traurige Geklapper der Räder. Keinem tat es leid, nach
Deutschland zu fahren. Als wir einen großen Strom
überquerten und drüben deutsche Inschriften erblickten, sangen wir: „Nun danket alle Gott".

Heimkehr der Flieger

Als der Frühling von Süden her die Weichsel herabkam, brachte er die Wärme mit und die Blumen. Am Morgen schickte die Großmutter den Jungen auf die Wiese.

Es wird ein schöner Tag werden, sagte sie.

Der Junge trieb die drei Kühe, mehr waren ihnen nicht geblieben, den Hang hinauf zu den gelben Blumen. Da die Schule abgebrannt war, blieb Kühe hüten seine Hauptbeschäftigung. Mit einem Hütehund wäre es leichter gewesen, hätte ihm auch etwas Abwechslung gebracht, aber seit Monaten bellten keine Hunde mehr, der Lärm des Winters hatte alle getötet.

Dem großen Lärm war eine völlige Stille gefolgt. Es donnerten keine Kanonen, keine Flugzeuge rasten im Tiefflug über die Alleen, die ausgebrannten Panzer rosteten schweigend in den Straßengräben. Auch die Natur war verstummt. In dem Frühling, der gerade die Weichsel herabgekommen war, sangen keine Vögel, klapperten keine Störche; nur die Wiesen grünten auch in diesem Mai, Sumpfdotter, Gänseblümchen und Löwenzahn hoben ihre Köpfe.

Die Stille störte ihn nicht. Eine Glocke, die zum Schulbeginn läuten konnte, gab es nicht mehr. Auf dem Gutshof schlug niemand die Mittagsbimmel, es rief keiner den Kindern nach, wenn sie durch den Teich wateten oder im Park Maiglöckchen pflückten.

Es ist so still, als wäre schon Frieden, hatte die Großmutter gesagt, als sie ihn mit den Kühen hinausschickte. Sie hätte es wohl gern gehabt, wenn die anderen nach Hause gekommen wären, die Lemkes und Schuttas aus der Nachbarschaft, damit sie nicht so allein leben müsste mit drei Kühen und einem Jungen in dem menschenleeren Dorf.

Der Junge saß im Gras an der Stelle, an der sie Großvater gefunden hatten, damals nach dem großen Lärm im Winter. Der Schnee war geschmolzen, die Blumen blühten, als wäre nichts gewesen. Ach, das war eine Mühe damals, mit der Karre zum Friedhof zu fahren. Noch schwerer war es, in dem frostigen Boden ein Grab zu schaufeln. Kein Gesang, kein Gebet, niemand war da, der singen und beten konnte.

Es ging auf Kleinmittag zu, als der Junge ein sonderbares Geräusch hörte, das am westlichen Horizont aus den Wäldern stieg, die Chausseebäume überquerte, sich in den Wolken verlor, näher kam, immer näher, bis es über ihm war. Anfangs nur ein leises Summen, wuchs es lauter und lauter, bis er sie erkannte, die Flugzeuge, die von West nach Ost flogen. Nicht im Formationsflug, sondern vereinzelt hier und da, alle in gleicher Höhe und sehr langsam, als hätten sie es nicht eilig.

Weil sie so ruhig daherflogen, ängstigten ihn die Maschinen nicht. Auch die Kühe störte das Brummen am Himmel wenig, sie grasten ruhig am Hang.

Es nahm kein Ende. Kaum waren die ersten jenseits des Dorfes im Osten verschwunden, tauchten von Südwesten her weitere Maschinen auf, auch im Norden rumorte es. Die Flugzeuge überquerten seine Butterblumenwiese, ohne von ihm Notiz zu nehmen.

Er begann sie zu zählen, legte für jede Maschine einen Butterblumenstängel auf den Stein ... fünfundzwanzig ... sechsundzwanzig ... siebenundzwanzig ... und erreichte die Zahl fünfzig, als die Wolkendecke aufriss. Nun glänzten sie im Sonnenlicht, der ganze Himmel war bedeckt mit glitzernden Sternen, die ihren Weg nach Osten suchten, immer nach Osten. Als er in Schlaf fiel, hörte das Zählen auf.

Am Nachmittag flogen die Maschinen immer noch. Ach, es waren Hunderte, die seine Butterblumenwiese überquerten. Mit dem Hirtenstock winkte er ihnen zu, und es kam ihm vor, als wenn eines der Flugzeuge mit den Tragflächen wackelte. Die Maschinen trugen den roten Stern. Als Großvater noch lebte, hatte er gesagt: Wenn die mit dem roten Stern wegfliegen, werden die mit dem Kreuz kommen, und alles wird von vorn anfangen.

Es kehrte erst Ruhe ein, als die Abenddämmerung sich ausbreitete. Der Junge trieb die Tiere nach Hause, wo die Großmutter schon mit Schemel und Eimer wartete, um die Kühe zu melken. Sie zeigte zu den rosa leuchtenden Lämmerwolken am Himmel.

So einen schönen Abendhimmel hätte dein Großvater auch noch gern gesehen, sagte sie. Und später, da saß sie schon über dem Melkeimer, fügte sie hinzu:

Ich glaub, der Krieg ist zu Ende.